田嶋信雄

日本陸軍の対ソ謀略

日独防共協定とユーラシア政策

吉川弘文館

目　次

第五章 「華北分離工作」と「防共外交」……92

序章　日独防共協定を捉える視点

一八五一年の日本・プロイセン修好通商条約以来、日独関係は一五〇年以上の歴史を有している。そのうち一九三六年から一九四五年までの一〇年間は、日独防共協定や日独伊三国同盟に象徴されるように、日独両国の政治的・外交的・軍事的な関係がとりわけ緊密な時期であった(1)。しかもこの時期の日独関係は、一九四五年における両国の共通の破局をもたらしたという点でも、世界史的にみて決定的な重要性を有したといえよう。

本書の目的は、このような日独関係の歴史的展開を念頭におきながら、日独防共協定（一九三六年一一月二五日締結）を戦間期日本の大陸政策の中に位置づけ、その全体像を明らかにすることにある。その作業は、明治・大正以来の日本の対ユーラシア政策・対イスラーム政策の伝統を考えること、日本陸軍の大陸における諜報・謀略工作の展開を明らかにすること、さらには戦間期日本外交史像を見直すことにもつながるであろう。

日独防共協定については、協定締結から八〇年を経た今日においてもなお不明の部分が多い。たとえばこの協定は、日独両国において、どのような政治勢力が、どのような構想の下に推進したのだろうか。この協定はどのように決定され、執行されたのだろうか。この協定は、なぜ一九三六年という時点で締結されたのだろうか。それは、約半年後に勃発した日中戦争とどのような関係にあるのだろうか。このような問題さえ必ずしも明瞭に解明されたとはいえないのが研究の現状である。逆にいえば、協定の内実が不明であるがゆえに、日独防共協定は「空虚な同盟」であったとする——本書の立場から見れば誤った——見解が、いまだに世界的に流通しているともいえよう。(2)

もちろん、こうした研究上の陥穽《かんせい》にはさまざまな原因が存在していた。第一に、欧米における日独防共協定研究は、主としてドイツ語史料・英語史料、とりわけ戦犯裁判史料に多くを依拠していたため、当時の日本の対ドイツ政策や「防共外交」について充分な考察がなされてこなかった。(3)第二に、この協定は通常の外務省ルートの枠外で決定・執行されたため、日独両国の外務省には十分な記録が残らず、また、主要な関係各機関の文書（たとえば日本参謀本部第二部文書やドイツ国防省防諜部文書など）は、その多くが日独の敗戦前後に焼却ないし隠滅されてしまったため、研究者に史料的な困難をもたらした。第三に、いままでの研究では、ナチス・ドイツの外交政策を決定したのはもっぱらヒトラーであると想定されたため、日独防共協定研究においても、ヒトラー（および部分的にリッベントロップ）の政治的動向にのみ研究上の関心が集中し、(4)それ以外のアクターは考察の外におかれる結果となった。

ドイツでおこなわれた日独防共協定交渉については、以上のような事情により、詳細な分析は遅れたが、一九七〇年代にはマーティンがドイツ側交渉者の一人ハックの文書を発掘して大きな研究上の前進をもたらし、(5)さらに八〇年代には田嶋が、ハック文書をも利用しつつ、国防省防諜部長カナーリスというアクターをあらたに加えて政策決定過程を分析したことにより、日独防共協定交渉をめぐるドイツ側の政治過程がかなりの程度明らかとなった(6)。

一方、外相広田弘毅を中心に一九三〇年代半ばに日本側で進められていた「防共外交」については、一九八〇年代に酒井が「防共的国際協調主義」という概念を提唱して日本外交思想史に「防共外交」を位置づけ(7)、さらに一九九〇年代に井上が広範な史料基盤に基づく詳細な政策決定過程分析をおこなった(8)。しかしながら、ドイツで秘密裡におこなわれた日独防共協定交渉と日本側で展開された「防共外交」との関係は、こうした研究によっても必ずしも明らかにされず、ドイツ外交史研究者と日本外交史研究者の間での学問的に立ち入った対話は、残念ながらほとんどなされてこなかったといってよい。

こうした状況を打ち破る契機は、やはり外務省を中心とする伝統的な日本外交史研究に新たなアクターを加える試みによってもたらされた。すなわち日本陸軍の大陸政策・満蒙政策に関する詳細な研究の中で森は、日独防共協定の推進主体として日本陸軍、とりわけ関東軍を措定し、日独防共協定の下位協定としての日独「満」航空協定の意義を明らかにしたのである(9)。これによって森は、結果的に、日本陸軍を媒介としてドイツ外交史と日本外交史を架橋する新たな可能性を提示することとなった。

日本陸軍の大陸政策・満蒙政策を検討する際にはいわゆる「華北分離工作」に関する知見が不可欠であるが、それについては芳井(10)、安井(11)、内田(12)、光田(13)などの研究が詳細な分析をおこなっており、やはりこの間に大きな進歩が見られた。また、日本の「西進」および「南進」政策の思想的背景として、近年、Saaler・Koschmann ed.[14]、坂本編[15]や松浦[16]、松浦編[17]、臼杵[18]、長谷川編[19]などの著作が、精力的に日本の対イスラーム政策や大アジア主義の研究を深化させており、日独防共協定研究にも大きな示唆を与えている[20]。

以上のような研究の進展を踏まえ、本書では、日独防共協定を再考するための四つの視点を設定する。第一は、日本陸軍、とりわけ関東軍の政治的動向、その大陸政策・満蒙政策と対ソ謀略工作に注目する。第二は、日独防共協定交渉におけるドイツ側推進力であった防諜部長カナーリスへの注目をさらに発展させる。第三は、いままでの研究で明らかにされてきた日独防共協定の成立過程に加え、その執行過程（より具体的には、協定執行のために締結されたさまざまな実務協定）にも着目する。第四は、日本陸軍の大陸政策の思想的な背景の一部をなす大アジア主義や対イスラーム政策にも関心を払う。本書では、こうした視点の設定により、「空虚な同盟」ではない、内実を持った国際条約としての日独防共協定（あるいは、やや先回りしていえば、「日独防共協定体制」ともいうべきもの）の全体像を明らかにしたいと考える[21]。

最後に、本書で使用される史料について触れておきたい。ドイツ側では、日独の仲介役となったハックの個人文書が日独防共協定交渉の詳細を知る上で不可欠である。日独防共協定の成立過程および執行過程で重要な役割を担った国防省防諜部およびカナーリスの文書は、断片的にしか残されていないが、逸することができない。ドイツ陸軍参謀局（のち参謀本部）第三課（外国陸軍担当）文書も、当時のドイツ国防軍主流の東アジア観を知る上で不可欠である。防共協定交渉のもう一方の重要な推進者であったリッベントロップの防共協定に関する文書は、残念ながらほとんど残存していないが、リッベントロップ事務所の東アジア政策責任者ラウマーが当時の日記をもとに戦後記した回想録（未刊行）がそれを部分的に補っている。日本側の交渉者であったドイツ駐在日本陸軍武官（のち駐独大使）大島浩については、この時期に関するまとまった史料は残されていないが、ドイツ外務省外交史料館・連邦文書館には、ドイツ駐在時代の大島の動向を示す若干の、しかし重要な史料が断片的に残されている。

日本側では、すでに一九六〇年代に刊行されていたものの、日独防共協定研究にはほとんど利用されてこなかった日本陸軍関係の史料、とりわけ島田俊彦・稲葉正夫解説『現代史資料（八）』[22]および角田順解説『現代史資料（一〇）』[23]が重要である。未刊行史料としては、防衛省防衛研究所図書館の諸史料、とりわけ「日独両軍間取極」「文庫・宮崎」を逸することができない。そのほかに、「防共外交」について先行研究で利用されている、主として日本外務省および日本陸軍の関係史料も適宜参照されるべきである。さらに、日本外務省の新疆関係史料・アフガニスタン関係史料は、いままでの日独関係史研究ではまったく利用されていないが、多くの貴重な事実を含んでおり、重要である。詳細な注釈のついた『徳王自伝』日本語版は、関東軍に使嗾《しそう》された内蒙古独立運動について、豊富なデータを提供している[24]。

極東国際軍事裁判のため国際検事局により収集された各証拠資料、とくに大島浩および日本駐在ドイツ陸軍武官（のち駐日大使）オットの尋問調書も、もちろん慎重な史料批判を必要とするが、有用である。[25]

さらに、日本外務省の「防共外交」および関東軍の大陸政策・満蒙政策に対する中国側の対応を知るためには、『中華民国重要史料初編——対日抗戦時期』[26]、『総統 蒋公大事長編初稿』[27]、『事略稿本』[28]などの中国側の史料にあたらなければならない。

なお、これら史料の本文引用文中の〔 〕は、引用者による注である。日本語の史料の引用に際しては、適宜、漢字・かな遣いなどを改め、句読点を補った。

また、本書で用いる略語は以下の通りである。

AA　Auswärtiges Amt（ドイツ外務省）

ADAP　*Akten zur Deutschen Auswärtigen Politik 1918-1945*（ドイツ外交文書集）

BA-MA　Bundesarchiv-Militärarchiv Freiburg（ドイツ連邦共和国連邦軍事文書館）

PAdAA　Politisches Archiv des Auswärtigen Amts（ドイツ外務省外交史料館）

第一章　日露戦争前後の「独禍東漸」と「日禍西漸」

日独防共協定は、日本とドイツが対抗してコミンテルンおよびその背後にあるソヴィエト連邦と対抗していこうという趣旨のイデオロギー的な協定である。しかしそれ以上にこの協定は、「反ロシア」という性格を色濃く有していた。そのことは、たとえばこの協定の日本側推進者の一人であったドイツ駐在日本陸軍武官大島浩が回想で繰り返し「ビョルケの密約」（一九〇五年七月二四日）に言及していることでも明らかである。[29]「ビョルケの密約」とは、日露戦争時、ロシア皇帝ニコライ二世（Nicolai II）とドイツ皇帝ヴィルヘルム二世（Wilhelm II.）が密かに合意したといわれるもので、この戦争中、ドイツはロシア帝国を侵さない、という趣旨であったとされる。

大島によれば、この密約によりロシア帝国はヨーロッパ・ロシアの軍事力を東アジアに回すことができ、ロシア帝国に有利に働いたというのである。この「ビョルケの密約」を繰り返さないためにも、日本とドイツが反ロシアで結びつく必要があるというのが大島の考えであった。すなわち、日独防共協定の淵源は、ロシア革命（一九一七年）によるロシアの社会主義化のはるか前、日露戦争の時代にすでに存在していたわけである。そこで本章では、日独防共協定のいわば歴史的前提として、二〇世紀初頭までさかのぼり、当時の日本、ドイツおよびロシアがいかなる相互イメージを有し、それが互いの戦略的関係にどのような影響を与えたかという問題を考えておきたい。

その際とくに注目しておきたいのは、第一に、日本陸海軍が敵国ロシアの情報にいかに関心を持ち、またいかに敵国の情報を収集したかという問題である。日露戦争は、東アジアを主たる戦場としたが、日本陸海軍の対ロシア情報収集活動すなわち諜報活動は、ヨーロッパはいうにおよばず、アフリカ、地中海、黒海、近東、インド、東南アジアなど、ロシア周辺部に接壌する地域、およびバルチック艦隊の予定航路すべてにおよんでいた。第二に注目しておきたいのは、この戦争を前後するドイツの世界政策、とくに対近東政策と対東アジア政策である。ドイツの世界政策は、非ヨーロッパ諸民族との関係で見た場合、著しい反東洋人感情すなわち「黄禍論」と、それとは対照的な親ムスリム感情を顕著な特徴としていた。同じころ、日本の参謀本部もまた近東・中央アジアムスリムへの関心を深めていく。以上の問題を簡単にスケッチするのが本章の課題である。

一　「黄禍論」と「日禍西漸」の脅威

(1)　日露戦争前後におけるロシア情報への関心

一八七八年に設立された参謀本部は、初代ドイツ駐在陸軍武官であった桂太郎が中心となって組織態勢が整えられ、隣邦諸地域への参謀活動を活性化させた。桂は、参謀本部組織の発祥の地であるドイツ（プロイセン）に前後合わせて六年ほど滞在し、ドイツ流の参謀活動を観察しており、普仏戦争におけるプロイセンの勝利により「隣邦密偵」の重要性を熟知していたといわれている。桂自身、ドイツから帰国した時には参謀局諜報提理に任ぜられており、参謀本部設立に当たっては朝鮮・中国沿海を管轄する管西局の局長に就任していた。日本における「隣邦軍事密偵」の組織的確立を示していたといえよう(30)。

桂の二代あとのドイツ駐在陸軍武官は、福島安正であった。彼の参謀本部情報将校としての才能が発揮され始めたのは、一八八七年に少佐としてベルリンに滞在していたころからといわれている。福島はベルリンで西園寺公望公使とともに情報の分析に当たり、とりわけ当時進展していたシベリア鉄道の建設などについて探査をおこなった。ベルリンからユーラシアの状況を眺めていたわけである。

その後一八九二年、帰国に際しシベリアを横断する単騎行を敢行し、当時ロシアの版図であったポーランドからペテルブルク、エカテリンブルク、外蒙古、イルクーツク、シベリア東部まで一年四ヵ月をかけて約一万八〇〇〇キロを踏破、実地調査をおこなったことは有名である。その後日清戦争に出征、一八九九年から日露戦争を挟んで一九〇六年まで参謀本部第二部長（情報）を務めた。その後は参謀本部次長（のち参謀次長）に昇進までしている。まさしく明治

図１　福島安正（国立国会図書館HPより）

の情報将校の代表的人物であったといえよう。[31]

福島は、しかも、イスラーム圏を含むロシア帝国西方・南方接壌地域への大きな関心を有していた。ベルリン駐在時代の一八八九年一〇月から翌九〇年二月にかけて彼は、オーストリア＝ハンガリー、ルーマニア、オスマン帝国（イスタンブル）、ブルガリア、セルビア、ギリシアなど、バルカン諸国とオスマン帝国の状況を探り、参謀本部第二部長就任前にはイラン、コーカサス、イラク（オスマン帝国領）、オスマン帝国（イスタンブル）など中央アジア方面から主として対ロシア諜報活動をおこなっている。こうして福島は、中央ヨーロッパ（ドイツ、オーストリア＝ハンガリーなど）、東ヨーロッパ（ポーランド、ルーマニア、ブルガリア、セルビア、ギリシアなど）、イスラーム圏（オスマン帝国、コーカサス、イランなど）からロシア帝国に対する諜報工作を進めたのである。[32]

もっとも、ロシア帝国隣邦情報を積極的に収集していたのはもちろん参謀本部だけではなく、外務省も同様であった。たとえば日露戦争後の一九〇七年に林出賢二郎《はやしでけんじろう》は、ロシア帝国の清国側接壌地域である新疆の探査をおこなった。彼が記した「清国新疆省伊犁地方視察報告書」は、この探査に関する一〇〇枚近くにわたる詳細な報告である。林出はその報告をつぎのように書きだしている。「新疆省伊犁地方視察の命を帯びて明治三八年七月一七日北京を出発し、山西、陝西、甘粛の諸省を経て、明治三九年四月一六日、目的地伊犁に着し、同地に滞在すること五ヵ月、蒙古郡王の伊犁に来るに際し王に従いて郡王の所領蒙古に入り郡王府に留ること月余、夫より清露国境の山地を経て塔爾巴哈台〔タルバガタイ、「塔城」「楚呼楚（チュグチャク）」とも〕に至り、更に同地東北の国境を視し迪化〔ウルムチ」に帰り、本年三月三日迪化を出発し、新疆巡撫の馬票を得て、一路清国駅伝の宮馬に乗じ、昼夜兼行して河南省の鄭州を出で、五月七日北京に着し、直ちに復命の為帰国せり」[33]。林出賢次郎は今日、「満洲国」において溥儀の通訳として「厳秘会見録」を記した外交官として有名であるが、若き日には中国語、モンゴル語を駆使した「諜報者」としての工作をおこなっていた。踏破距離もかけた時間（一〇ヵ月）も福島にはおよばないが、その行程を見ると、馬やラクダに乗って延々と中国の砂漠地帯をすすむという意味では、福島安正のシベリア横断と同様に過酷な旅であったといえよう。

(2) ヴィルヘルム二世の「黄禍論」と「日禍論」

一九〇四—〇五年の日露戦争は、いうまでもなく東アジアの国際関係、あるいは広く当時の国際関係全般を大きく揺り動かすとともに、その後の日独関係に対しても深甚な影響をもたらした。その重要な影響の一つは、当時のドイツ帝国の政治および外交において、日本がヨーロッパの政治的・軍事的脅威であるとのイメージが形成されたことであった。これがいわゆる「黄禍論」であり、その代表的なイデオローグはもちろんドイツ皇帝ヴィルヘルム二世自身であった[34]。

図２　ヴィルヘルム２世（R.G. Grant (Hrsg.), *Der Este Weltkrieg, Die visuelle Geschichte*, London: DK London, 2014）

ヴィルヘルム二世は日露戦争前後のさまざまな局面で多くの「黄禍論」的な発言を残しているが、[35]とりわけ激烈であり、なおかつ本書の立場から見て興味深いのは、一九〇四年八月一一日の手書きのメモである。その中でヴィルヘルム二世は、将来の国際政治においては「黄色人種と白色人種の大決戦」が勃発すると予想した。ヴィルヘルム二世によれば、それは「キリスト教と仏教の二つの宗教間の、さらに西洋文化と東洋の半開の文化との決戦」であり、そこでは、ドイツの指導するヨーロッパと、中国を突撃させる日本が、お互いに艦隊をヨーロッパ沿岸と日本沿岸に派遣して戦うことになるという。

もし日本がヨーロッパを攻撃するならば、われわれは日本沿岸での戦争をおこなう場合がありうる。ドイツの艦隊は〔バルチック艦隊とは別の〕もう一つの日本の敵となるのだ。われわれはまもなくヘルゴランド、キール、クローンシュタットで日本の艦隊を目撃することを理解しなければならない。

つまり、将来の国際政治の帰趨は、「東漸」するドイツ海軍と、「西漸」する日本海軍の決戦になるというのである。ヴィルヘルム二世は、このイメージをつぎのようにまとめた。

余は、われわれが将来、日本と生死を賭けて戦わなければならないことを正確に知っている。したがって、余が察するに、日本もわれわれから同じ事を想定している。情勢は明らかで、余はそれに対して自らの準備に当たるのだ。[36]

まさしくヴィルヘルム二世にとって、「黄禍論」(gelbe Gefahr) とは、恐るべき日本がヨーロッパ

に「西漸」してくるという意味で、「日禍論」（japanische Gefahr）にほかならなかった。(37)

ただし、ここで注意しておくべきは、ドイツの東漸と日本の西漸といっても、バルチック艦隊東航のイメージの延長で、日独間の決戦はいわば海軍間の戦いとして想定されていたことである。ヴィルヘルム二世の「黄禍論」は、さしあたり海軍の思想として現れたわけである。しかし、それはともかく、「ドイツ東漸」と「日本西漸」のイメージは、ヴィルヘルム二世を代表とするドイツ政治指導部の有するイデオロギーの一類型として、その後もドイツ外交に影響を与えることになる。

(3)　日本陸軍のヨーロッパにおける諜報・謀略工作

日露戦争時、日本陸軍は、東アジアにおいて実際の戦争を戦っただけではなく、ヨーロッパにおいてもロシア帝国に対する秘密の諜報・謀略工作を推進した。その代表が有名な「明石工作」である。

サンクトペテルブルク駐在日本公使館付陸軍武官であった明石元《もと》次郎《じろう》大佐は、日露戦争が勃発するとスウェーデンに移り、陸軍参謀本部から大量の資金（今日の価格で数百億円ともいわれている）を得て、ロシア帝国をヨーロッパから後方攪乱するため、さまざまな謀略を計画・実行した。明石は、フィンランドの革命家シリアクス（Konni Zilliacus）らを通じて当時ロシアの支配下にあった地

図3　明石元次郎（国立国会図書館HPより）

域の革命派を結集し、同時にロシア帝国内の革命政党である社会革命党（エスエル）に資金援助をおこなうなど、ロシア帝国での後方攪乱・破壊活動・革命行動などを扇動している。さらに、一九〇五年五月に明石は、パリでグルジア（ジョージア）やアルメニアなどコーカサス地域の革命家たちと会談し、資金の提供を申し出、ロシア帝国南部地域での革命行動の扇動を企てている。(38)

このように明石の活動は、北欧から欧州中央部、さらには東南欧やコーカサスなど、ロシア帝国に接壌するヨーロッパ全域にわたっていた。当時の陸軍参謀次長長岡外史《がいし》は、「明石の活躍は陸軍一〇個師団に相当する」と評価した。ただし、ロシア帝国の秘密警察「オフラナ」は明石の行動を逐一追跡・確認しており、明石の工作の多くは失敗したことが今日では明らかになっている。(39)さらに、フランス外務省がパリで日本の外交電報を傍受・解読し、あまつさえ情報をロシア側に提供していた。すなわち日露戦争時において、日本の外交電報はフランスとロシアに筒抜けになっていたのである。(40)しかしいずれにせよ、明石工作は、日本参謀本部のヨーロッパにおける諜報・謀略工作の本格的な展開であったと見ることができよう。

しかも重要であるのは、明石工作が陸軍大学で取り上げられ、彼の諜報・謀略・破壊工作が詳しく伝えられ、称揚されたことである。のちに各国に駐在武官として派遣されることになる多くの情報将校が、明石の活動を一種のモデルとして崇める傾向が発生した。明石のような大胆な謀略をみずからおこないたいというメンタリティーを持った情報将校の系列がその後に形成されていくことになる。(41)

(4) 日本海軍・外務省によるバルチック艦隊の情報収集

日本が「西漸」してくるという恐怖感は、ロシアのいわゆるバルチック艦隊にも共有されていた。それが最も悲喜劇的に示されたのが一九〇四年一〇月二一日深夜から二二日未明にかけて発生した「ドッガーバンク事件」である。ロジェーストヴェンスキー（Zinovij Petrovich Rozhestvenskij）提督率いるバルチック艦隊（正式にはロシア第二太平洋艦隊）は、リバーヴァ（ドイツ語でリバウ）軍港を出港後、日本海軍の水雷艇や駆逐艦が北海で待ち伏せ攻撃を仕掛けてくるのではないかという恐怖感から、ドッガーバンク（北海の浅瀬）付近で、濃霧の中をイギリスのトロール漁船団に発砲し、誤射に気づいた後も、周囲の漁船に紛れて水雷艇が潜んでいると考え、艦隊を停泊せず、犠牲者の救援もせずにその場を離れて逃走した。一〇月二四日、この事件がイギリスの新聞各紙に掲載されると、世論の間で反ロシア感情が高まり、マスコミはバルチック艦隊を「狂犬艦隊」と名付けて強く批判した。イギリス海軍も事件に対し強硬な態度をとり、英仏海峡防衛に当たる海峡艦隊を地中海の要衝ジブラルタルに急派した。こうして英露間では戦争勃発の危機さえ語られるに至ったのである。結局ロシアはハーグの常設仲裁裁判所への付託に同意し、危機は回避されたが、ロシア海軍は、当時の日本海軍の力量からみればほとんどありえない想定に基づいて日本の「西漸」に脅えていたのであった。

一方、日本海軍や外務省も、バルチック艦隊の行動を補足するために必死の努力をおこなっていた。日露戦争時には、レーダーはいうまでもなく、無線技術さえ十分には確立しておらず、そのため情報の収集はもっぱら人的資源に頼らざるを得なかった。日本海軍は、すでに日露戦争勃発の前から、ロシア駐在武官・補佐官を中心に、ロシア帝国の海軍情報を収集していた。ペテルブルクに留学し、駐在員を務めた広瀬武夫や加藤寛治はその代表例であろう。たとえば広瀬は一九九九年初夏にヴォルガ河を船で下り、カスピ海西岸アゼルバイジャンの首都バクーに向かい、鉄道でグルジアのティフリスに移動し、黒海のバツーミに出て、さらに海路でヤルタ、セヴァストーポリ、オデッサなど黒海のロシア海軍の軍港を視察している。ここでは、日本の諜報活動が、黒海やグルジアなどのコーカサス地域にも拡がっていたことに注目しておこう。(42)

一九〇〇年に広瀬はペテルブルクからラトヴィア（当時ロシア領）のリーガに向かい、鉄道でリバーヴァへと旅行した。そこで加藤寛治と共に「アレクサンドル三世軍港」と名付けられた不凍港をくまなく視察した。広瀬はリバーヴァで加藤と別れ、その後ふたたび鉄道で今度は北に向かい、エストニア（当時ロシア領）のレーヴェリ（タリン）に至り、そこから船でフィンランドのヘルシンキを目指した。この諜報活動により、バルト海にあるロシア帝国の主要な軍港の情報が大量に手に入った。(43)

日露戦争勃発後、江頭安太郎《えがしらやすたろう》大佐率いる海軍軍令部第三班や外務省は、同盟国イギリスに頼ったほか、世界各地に軍人や外交官を派遣し、日本商社の協力を仰ぎ、さらには外国通信社の記者など膨大な数のスパイを雇い、日本海近海では一〇〇ヵ所以上の望楼からの監視を強めた。ヨーロッパでは、イギリス駐在海軍武官鏑木誠《かぶらきまこと》大佐、フランス駐在一条実輝《さねてる》中佐、ドイツ駐在瀧川具和《ともかず》大佐（そのほかにアメリカ駐在竹下勇《いさむ》中佐がいた）らが中心となって、在外公館長の下で情報収集をおこなう態勢をとった。情報収集の拠点は、リバーヴァ、バルト海から北海に向かう諸海峡、ヴィーゴ（スペイン北西部）、タンジール（モロッコ）、ダカール、ケープタウン、マダガスカル、ペナン、バンコク、シンガポール、ジャワ島、スマトラ島、ボルネオ島、セレベス島、サイゴン（現ホーチミン）、カムラン湾、マニラ、上海、厦門《アモイ》、福州、汕頭《シャントウ》、香港など、およそバルチック艦隊の航路に沿うと想定された地点であった。それ以外にも、ロシア黒海艦隊の動静を監視するため、オデッサやイスタンブルにも、また本体と別れて地中海を経由した支隊の動静を監視するためクレタ島やスエズ運河の入口のポートサイードにも諜報員が派遣された。海軍や外務省は、こうして、バルチック艦隊の東進を事細かく捕捉し、情報を東京に送っていた(44)。

二　日本とドイツのトルコ・イスラーム政策構想

(1)　ドイツのバグダード鉄道建設計画とイスラーム政策

日露戦争の結果、東アジアには日英仏露からなる「四国協商体制」が成立し、そこから疎外されたドイツは、清国およびアメリカ合衆国とともに、米独清三国連携構想を繰り返し試みることとなった(45)。そこに見られる日独関係の政治的・外交的冷却化には、ヴィルヘルム二世の「黄禍論」もまた一定の役割を果たしたといわなければならない。

他方ドイツは、近東においては、すでに一八八九年、オスマン帝国のイスタンブルにドイツ銀行を中心とするシンジケートの出資の下でアナトリア鉄道株式会社を設立し、小アジア半島での鉄道事業を開始していた。一八九三年には新協定でイスタンブルのアジア側にあるハイダルパシャからエスキシェヒルをつなぐ線を南下させてコニアに向かう線の着工と、将来のバグダードへの延長が明記された。さらにドイツは一八九九年、コニアからバグダードを経てペルシャ湾に至る鉄道の敷設権を獲得し、一九〇三年にはイスタンブルにバグダード鉄道株式会社を設立して近東を目指した。(46)

その後バグダード鉄道建設は、一九〇四年の第一区間完成後、トルコ政府の財政事情もあって停滞し、さらに一九〇八年の青年トルコ革命が勃発したため鉄道問題は棚上げとなり、鉄道建設は一九一〇年まで途絶することになる。一九一四年の第一次世界大戦勃発までにバグダード鉄道は、予定された全長二一八八キロのうち、四割程度が完成したに過ぎなかったといわれている。(47)

バグダード鉄道自体に関しては先行研究も多く、ここでも多くを述べる必要はないだろう。しかし本書の観点から見て強調しておかなければならないのは、このようなドイツの「東方への進出」(Drang nach Osten) が、東アジアでの「黄禍論」とはまったく対照的に、親イスラーム的なイデオロギーをまとっていたことである。一八九八年、ヴィルヘルム二世夫妻は、外務長官ビューロ (Bernhard Heinrich Bülow) らをともなって、一ヵ月にわたるオリエント旅行をおこなった。一〇月一一日にベルリンを出発した一行は、一週間後にイスタンブルに到着し、トルコ側の周到な準備の下、大歓迎を受け、アブデュルハミト二世との面会を果たしている。その後ヴィルヘルム二世はヨット（といっても重装備の大型船）でボスポラス・ダーダネルス両海峡を南下し、ハイファから一〇月二九日にエルサレムに入った。そこではドイツ人入植者らの大歓迎を受け、さらにカトリック、ギリシア正教、ユダヤ教を含む各宗派の代表とも会見している。一一月八日にはダマスカスでつぎのように述べた。

三億のムスリムたちは、いかなる時でも、ドイツ皇帝が友人であることを確信することができる。(48)

この発言が当時の列強の激しい反発を惹起したことはいうまでもない。

(2) 宇都宮太郎の「日土同盟論」と「回教徒操縦論」

一方日本陸軍も、日露戦争終結以来、近東・中央アジアへの関心を示し始めていた。たとえば参謀本部第二部長（情報）宇都宮太郎は、一九一〇年一月二五日、「日土関係意見書」を起草し、「軍事上の見地よりすれば、土耳古〔トルコ〕帝国との親交は遠交近攻の原理に敵い、利益の方寧ろ多大なるべきを認む」と主張していた。ここで「近攻」とは反ロシアを、「遠交」とはトルコなど近東諸国との友好関係を指す。しかも近東諸国・諸民族との関係において重要となるイスラーム対策については、つぎのように述べていた。

図4　宇都宮太郎（宇都宮太郎関係資料研究会編『日本陸軍とアジア政策—陸軍大将宇都宮太郎日記』岩波書店，2007年）

> 中央亜細亜、印度、露、清等諸国、東印度諸島及び北部アフリカ等に居住しある該教徒を操縦し、必要の場合其の勢力を利用するが為にも、彼らが今尚ほ仰ぎて以て其の教主国と為しある土耳古帝国との親交は頗《すこぶ》る有利の政策たるを疑わず。

すなわち、イスラーム世界において権威

を有するトルコ帝国と親交を結び、近東・中央アジア・ロシア南部地域のイスラーム教徒を「操縦」しようというのである。

さらに宇都宮は、「具体的提案」としては、「小亜細亜植民」論を主張し、以下のように述べていた。バグダード鉄道の予想終点たるペルシャ湾の「湾頭」にわが「臣民」のため「租借地」を獲得すること、ムンバイ航路をペルシャ湾の「湾頭」まで延長すること、メソポタミアなど「小亜細亜の沃土」に移民・植民をおこなうこと、バグダード鉄道に出資すること、チグリス・ユーフラテス川の航行権を獲得すること、紅海沿岸の一地点に欧州航路の「寄港地」を求めることなどが必要であろう、と。(49)

ここで本書の観点から見てとくに興味深いのは、小アジア半島（アナトリア）・メソポタミアへの植民論もさることながら、宇都宮が、ドイツの近東への関心の象徴であるバグダード鉄道との接続を意図し、ヴィルヘルム二世と同じくイスラーム教徒との「友好」（利用）を目指したことである。すなわち宇都宮は、「東漸」するドイツ勢力と「西漸」する日本勢力が近東・中央アジアのイスラーム圏で邂逅することを想定したわけである。この宇都宮の発想は、のちに見るように、第一次世界大戦後の参謀本部第二部や関東軍参謀部第二課の中央アジア政策・イスラーム政策にも原型として引き継がれていくこととなる。

(3)　イブラヒムの訪日と参謀本部のイスラーム工作

宇都宮太郎の対トルコ工作計画とならんで参謀本部のイスラーム工作として有名なのは、ロシア支配下にあったタタール人との接触である。タタール人はもともとヴォルガ河流域に居住するムスリムであったが、一八世紀以降、彼らタタール人のキャラバン隊はロシア東方貿易の担い手となり、ロシア・中央アジアに独自の通商ネットワークを発展させ、ロシア帝国内のムスリムの中でも最も活力ある集団となった。さらに、それにともなってタタール人からなるコミュニティはロシア領トルキスタンやインド、清朝治下の新疆へと東方にも拡大していった。しかも彼らは一九世紀を通じてムスリムとしての自覚に目覚め、帝政ロシアを批判する汎イスラーム主義の中心となったのである(50)。福島安正は、その「単騎シベリア横断」によって、こうしたタタール人の政治的重要性を熟知していた。

一八九〇年代初頭に開始されたシベリア鉄道の建設とその完成、さらには一八九七年に開始された東清鉄道の建設とその完成によって、満洲里、ハイラル、ハルビンなど満洲の各地にもタタール人コミュニティが形成されていった。加えて、日露戦争で捕虜になったロシア兵の中にタタール人を含む多くのムスリムがいたことは、参謀本部に強い印象を与えた。彼らを対ロシア政策・対ロシア謀略に政治的に利用する大きな可能性が開かれていると考えられたのである(51)。

日本におけるムスリムの歴史に大きな足跡を残したイブラヒム（Abdurresid Ibrahim）がシベリア、満洲を経由して日本を訪問したのは、日露戦争後の一九〇九年の初頭のことであった。彼は一八五七年に西シベリアのタラで生まれ、苦学して高等学院に学び、イマーム（導師）や教師を務め、メッカ、メディナ、イスタンブル、サンクトペテルブルクなど各地をめぐりながら改革派知識人として汎イスラーム主義を熱心に提唱した。日露戦争中には明石元次郎と密接な連絡を取っていたといわれるが、残念ながら確たる証拠はないようだ。日露戦争後一九〇七年に始まったロシア政治の反動化は、タシュケント、サマルカンド、ブハラなどイブラヒムのトルキスタンへの旅に導いた。一九〇八年九月末、彼はカザンを出発し、日本へと向かったのである。イブラヒムの日本での滞在には、福島安正参謀次長の支援があったといわれている。彼は日本で多くの要人と面会し、またさまざまな講演会でイスラームに関する啓発をおこなっている。そこでの主要な論点の一つは、近東・中央アジアから中国、東南アジアへと広がるムスリム世界の地政学的な重要性であった。

東京では、イブラヒム訪問を機に、アジア主義団体が結成された。頭山満、犬養毅、大原武慶、中野常太郎、河野広中らが常任幹事となる「亜細亜義会」がそれである。参謀本部との関係では、とくに大原武慶が重要であろう。彼は日露戦争時に福島の下で満洲に出征し、一九〇七年に退役後も参謀本部と密接に連絡していたといわれている。

さらに評議員として一三人のイスラーム世界の指導者が名を連ねたが、ここではイブラヒムと並んで実際に日本と関係を持ちながら活動したバラカトゥッラー（Molwi Barkatullah）に注目しておきたい。彼はインド出身の汎イスラーム主義者であり、当時東京外国語学校でヒンディー語を教えていた。イブラヒムとバラカトゥッラーは、その後ドイツのイスラーム政策とも深い関わりを持つことになる。(52)

第二章　第一次世界大戦期の「独禍東漸」と「日禍西漸」

第一次世界大戦において日本は日英同盟に藉口《しゃこう》してドイツに宣戦を布告し、敵と味方の関係に立った。日独戦争の主要な舞台は、よく知られているように、ドイツ東洋艦隊の基地青島《チンタオ》であり、青島をめぐる戦争は一九一四年一一月のドイツ軍の降伏で終了した。日本はドイツ領南洋諸島にも海軍を派遣してドイツ勢力を降伏させ、また、ドイツ艦隊の索敵のため、太平洋・オセアニア地域にも艦隊を派遣した。さらに、一九一七年には海軍第二特務艦隊が地中海のイギリス海軍基地マルタ島に到着し、イギリス艦隊・商船隊の護衛に携わる一方、サロニカを拠点とするドイツ艦隊・オーストリア＝ハンガリー帝国艦隊ともしばしば交戦状態に陥り、駆逐艦「榊」がオーストリア＝ハンガリー帝国海軍の最新鋭潜水艦ＳＭＵ27の攻撃を受けて大破している。

だが、こうした主要戦場以外でも、日独両国は、さまざまな場所やさまざまな分野で戦争を遂行した。とくに注目されるのは、トルコ・中央アジア（とりわけアフガニスタン）、新疆、中国東北（満洲）、シベリアでの日独の行動である。ドイツは第一次世界大戦に際し、イギリス、フランス、ロシア、日本の勢力圏にある周辺領域において、帝国支配下にある少数民族を扇動し、敵の帝国を弱体化させるための「革命促進」(Revolutionierung) 工作をおこなった。本書の観点からみて興味深いのは、ドイツが、一九一四年夏の戦争勃発から一九一七年のロシア革命を前後して、近東・中央アジア（とくにアフガニスタン）・中国（新疆・満洲）で展開した反ロシア後方攪乱・扇動工作である。

中国についてさらに敷衍すれば、中華民国政府は、一九一四年夏の戦争勃発から一九一七年三月一四日の対ドイツ国交断絶・同年八月一四日の対ドイツ宣戦布告に至るまで、大戦に対して中立を維持し、ドイツの外交使節も中国で活動し続けた。そのためドイツは、中立国中国という場を利用してさまざまな政治的・軍事的攪乱工作をおこなったのである。

さらに戦争末期には、ロシア革命によりロシアが戦争から離脱したため、ドイツ勢力が直接に東アジアへ進出してくる脅威が高まり、また、日本もシベリア出兵という形で西へと向かう動きを見せることになる。

一　エンヴェル・パシャとオッペンハイム

(1)　アドリアノープルから中国のオアシスへ

一九一四年夏に第一次世界大戦が勃発すると、ドイツは、東部戦線・西部戦線での正規の戦闘とともに、オスマン帝国の協力のもと、イギリス帝国やロシア帝国などの内部に居住する少数民族への政治的働きかけを強め、帝国辺境地域、とりわけ近東・イスラーム圏でのテロ活動、破壊活動などの「革命促進」工作を推進した。イスラーム教徒をロシアやイギリスなどの協商国に対して利用することは、第一次世界大戦におけるドイツの世界政策の重要な特徴となった。[53]

オスマン帝国は一九一四年八月二日にドイツとの秘密同盟条約を締結し、軍権を掌握するエンヴェル・パシャ（Enver Pascha）陸相の強力な指導のもと、同年一〇月二九日、黒海の対岸クリミア半島のセヴァストーポリを攻撃した。一一月一四日、メフメト五世（Mehmed V.）は「ジハード」（聖戦）を宣言し、そこではクリミア、カザン、トルキスタン、ブハラ、ヒヴァ、インド、中国、アフガニスタン、イラン、アフリカなどのムスリムが呼びかけの対象として意図されていた。その後エンヴェル・パシャはみずから東部戦線の指揮を執るが、ロシア軍の反撃を受け、さらにロシア軍への協力を阻止するためと称してアルメニア人をシリアに移送し、多数の虐殺がおこなわれた。エンヴェル・パシャ自身はその後「汎イスラーム主義」を掲げ、エディルネ（アドリアノープル）から中国のオアシスに至るまでのシルクロードに沿ったトルコ系住民の同盟を夢見ていたといわれる。[54]

図５　オッペンハイム（Stefan M. Kreutzer, *Dschihad für den deutschen Kaiser. Max von Oppenheim und die Neuordnung des Orients (1914-1918)*, Graz: Ares Verlag）

(2)　オッペンハイムの対アフガニスタン政策構想

ドイツ外交における中央アジアとくにアフガニスタンへの関心は、外交官オッペンハイム（Max von Oppenheim）の中に特徴的に見られる。オッペンハイムは銀行家の家庭に生まれ、シュトラスブールとベルリンで法律を修め、弁護士の資格を得たが、近東・アラビアに関心を持ち、のちにカイロでアラビア語とイスラーム学を学び、近東各地を旅行した。一八九八年七月五日、ドイツの近東政策のために汎イスラーム運動を利用する可能性について覚書を起草し、同年一二月八日のヴィルヘルム二世の「ダマスカス演説」に影響を与えていた。

第一次世界大戦が勃発すると、ドイツ外務省はオッペンハイムをスタッフとして迎え入れ、汎イスラーム運動を近東の協商諸国支配地域における「革命促進」戦略に利用する計画を推進した。とくに彼は、イスラーム教徒の反イギリス感情を利用し、アフガニスタンからインドのイギリス統治を攻撃する計画を立てたのである。そのため彼はスイスとドイツに住むインド人の委員会を組織した。彼によれば、この計画の成否は、アフガニスタン王ハビブッラー（Habibullah Khan）を動員しうるか否かにかかっていた。こうしたオッペンハイムの構想は、長い間インドのムスリムを扇動する計画を抱いていたエンヴェル・パシャの構想と合致した。エンヴェルはヒンズークシからの報告によりハビブッラーをインド攻略に獲得できると確信していた。一九一四年八月一二日のドイツ外務省における会議で、ハビブッラーを獲得するためのドイツ・トルコ合同遠征隊を組織することが決定された。

ただし、ドイツにとってもアフガニスタンはほとんど未知の国であった。一九世紀における二度の戦争（一八三九―四二年、一八七八―七九年）を経て、イギリスはアフガニスタンを征服することはできなかったが、事実上の保護国としていた。一九〇七年の英露協商によってハビブッラーはアフガニスタン国家の不可侵性への保障を獲得することができたが、ロシアはアフガニスタンをイギリスの勢力圏と認め、同国の外交権はイギリスの手に握られた。アフガニスタンに関する信頼しうる情報といえば武器を輸出していた兵器会社クルップの関係者のもの程度で、親独派のスウェーデン人冒険家ヘディン（Sven Hedin）などは「ドイツがチャンスと必要な支援を与えれば、アフガニスタン王はただちに攻撃を始める」と語る有様であった。

二　ドイツのアフガニスタン・新疆・満洲での後方攪乱・扇動工作

(1)　ドイツ遠征隊とアフガニスタン・新疆における後方攪乱・扇動工作

アフガニスタン王との連絡のため、ニーダーマイヤー（Oskar Ritter von Niedermayer）やヘンティッヒ（Werner Otto von Hentig）らの遠征隊がペルシャに送られた[55]。ヘンティッヒはグルノーブル、ケーニヒスベルク、ベルリンおよびボンで法律を学んだのち、一九一一年に外務省に入省、その後北京、イスタンブルおよびテヘランの外交使節で働いた。第一次世界大戦当初軍役に就いたのち、一九一五年にアフガニスタン駐在公使館参事官に任命された。彼の任務はアフガニスタン＝インド国境でインド諸部族を反英蜂起に扇動すること、そのためインド独立運動家プラタープ（Mahendra Pratap）を密かに帯同し、アフガニスタン王ハビブッラーとの面会を実現させることであった。プラタープはインドの宗教思想家・独立運動家で、アフガニスタン籍を取得し、第一次世界大戦時、スイスにあって

図６　アフガニスタン王宮にて会談（Werner Otto von Hentig, *Von Kabul nach Shanghai*, Konstanz: Libelle 2003）
左からバラカトゥッラー、ヘンティッヒ、プラタープ、カシム・ベイ、ヴァルター・レーア

戦争の展開を観察していたが、ドイツに招かれ、ヴィルヘルム二世とも面会していた。宰相ベートマン・ホルヴェーク（Theobald Theodor Friedrich Alfred von Bethmann Hollweg）がヘンティッヒに持たせたハビブッラー宛の信任状には、「目的達成のための正しい道」をプラタープに示されるようにとの依頼が記されていたのである。

ヘンティッヒとプラタープはイスタンブルに向かい、ドイツ大使館の支援の下、メフメト五世に謁見を許され、アフガニスタン王ハビブッラー宛親書を受け取ったほか、エンヴェルおよび内相タラート（Mehmet Talaat）と直接に詳細な会談をおこない、さらに大宰相サイード・ハリム・パシャ（Said Halim Pascha）のインド諸王侯宛ての親書まで預かった[56]。彼らは一九一五年四月一四日にイスタンブルを出発し、ラクダ隊を組織し、ペルシャを経て、ヘラートから九月二六日にカーブル入りした。その途中、亜細亜義会評議員で、かつて東京外国語学校でヒンディー語教師をしていたインド人バラカトゥッラーも合流している。(57)

一行はしばらく事実上の監禁状態に置かれたが、ヘンティッヒ、ニーダーマイヤー、プラタープ、バラカトゥッラーは一〇月にハビブッラーと面会する機会を与えられた。彼らはドイツおよびトルコからの親書を提出し、さらに小銃一〇万丁、大砲三〇〇門および多額の援助資金の提供を申し出て、アフガニスタンがインドのイギリス軍に対する「ジハード」に立ち上がるように迫った。話し合いはその後も長引いたが、ハビブッラーは慎重で、密かにカーブル駐在イギリス公使に対して中立を守ると請け負っていた。ヘンティッヒとニーダーマイヤーは任務の失敗を確認し、翌一九一六年五月にカーブルを立ち去った。ヘンティッヒは進路を東に向け中国を目指し、ニーダーマイヤーらはロシアに向かった。(58)

図７　アフガニスタン王ハビブッラー（Werner Otto von Hentig, *Von Kabul nach Shanghai*, Konstanz: Libelle 2003）

一方プラタープは、「青年トルコ」に範をとった「青年アフガン」の支持を得て、同年一二月一日、カーブルに「インド暫定政府」を樹立し、終身大統領の座に就いた。

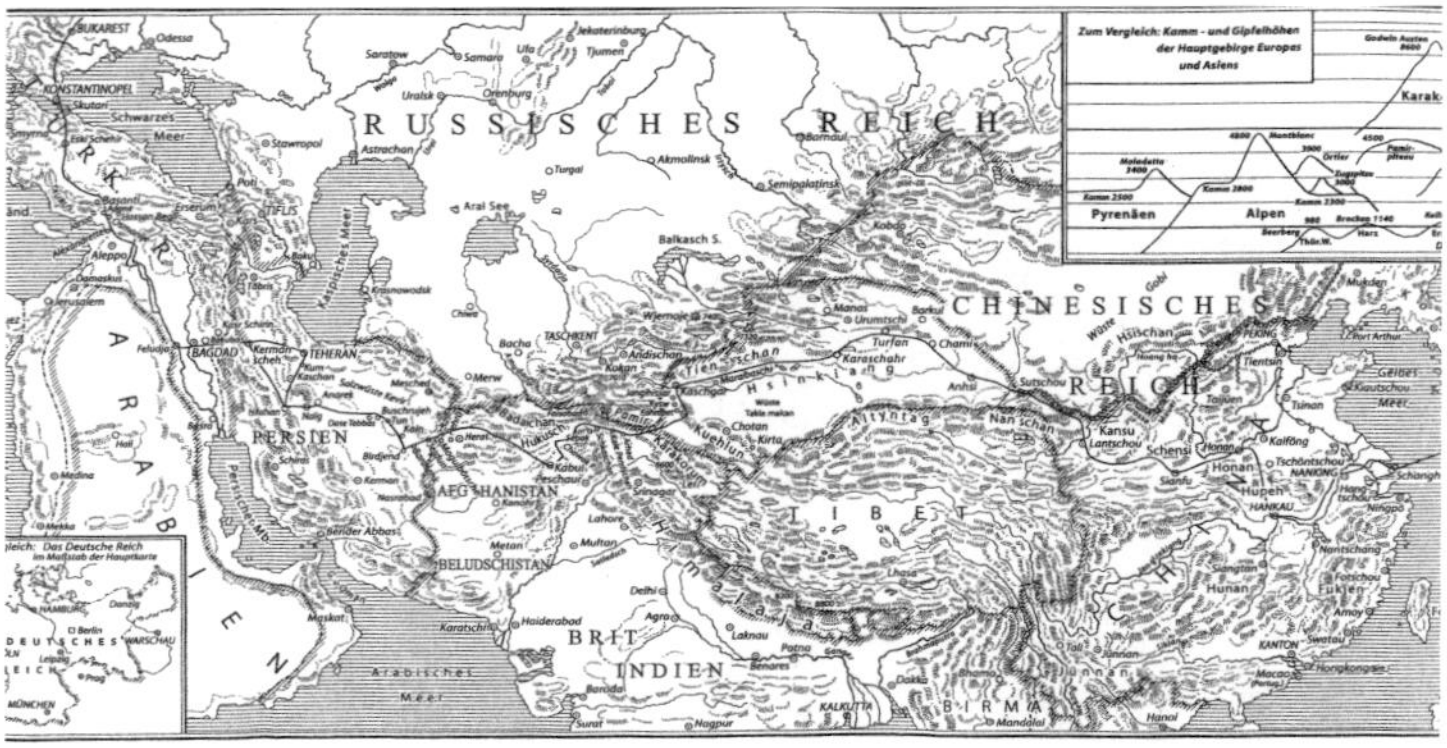

図８　ヘンティッヒのユーラシア横断ルート（Werner Otto von Hentig, *Von Kabul nach Shanghai*, Konstanz: Libelle 2003）

しかし「暫定政府」はハビブッラーの事実上の監視下にあり、活動の限界を感じたプラタープは一九一八年二月、カーブルを発ち、ロシア経由でふたたびドイツへ向かった。その後プラタープは、曲折を経て、一九二〇年代後半には数度にわたって来日し、大川周明ら日本のアジア主義者の支援を得てインド独立のための活動を継続することになる[59]。

一方ヘンティッヒは、カーブルでニーダーマイヤーおよびプラタープと分かれて独自のキャラバン隊を組み、東進し、中国を目指した。彼はカーブルから北にパミール高原、南にヒンズークシ山脈をあおぐ最難関ワハーン回廊を横切り、多くの困難を乗り越えて中国領に入った[60]。

しかしながら、中国領ではただちに新疆省地方官衙の知るところとなり、事態は中国外交部に伝えられた。その報告は以下の如くであるが、当時のヘンティッヒの行動を第三者（中立国中国）の立場から観察しており、興味深い。

昨年〔一九一六年〕七月末新疆省長発中央政府宛電報の要旨左のごとし。
蒲犁〔タクシュルガン〕地方官の報告に曰く、最近独人六名は通訳たる土耳古人を従え阿富汗斯坦〔アフガニスタン〕より当地に到着し、省城廸化〔ウルムチ〕へ向うべく準備中なるが、彼等の一行は我が回民を扇動し土耳古の軍事行動を援助せんことを目的とせるやの疑あり、此種の旅行者は英露両国をして我回民に対し嫌疑を懐かしむる虞あるを以て、速かに外交部は独乙公使と交渉し該独人の退去を命ぜられたしと。

すなわち、ヘンティッヒ一行はアフガニスタンから新疆に入り、ウルムチを目指したが、中国のムスリムを扇動してトルコの軍事行動を支援する意図があり、そのためイギリスおよびロシアが中国ムスリムに嫌疑を懐く可能性があるので、中国外交部は北京駐在ドイツ公使ヒンツェ(Paul von Hintze) と交渉し、ヘンティッヒの中国からの追放を求めたのである。実際一九一六年八月一九日、ウルムチ駐在イギリス領事およびロシア領事は、新疆省長楊《よう》増新《ぞうしん》に対しヘンティッヒ一行の旅行を阻止するよう北京政府に要請した。北京政府外交部はこれを受けて楊省長に対し、一行を

図9　ヒンツェ（Johannes Hürter (Hrsg.), *Paul von Hintze. Marineoffizier, Diplomat, Staatssekretär*, München: Harald Boldt 1998）

図10　カシュガルでのヘンティッヒと中国側官憲（Werner Otto von Hentig, *Von Kabul nach Shanghai*, Konstanz: Libelle 2003）

漢口まで護送して漢口駐在ドイツ領事に引き渡すよう指示したのである。

約四ヵ月後の同年一二月一〇日に「独逸将校一名、兵卒一名、阿富汗人一名、回々徒漢人等一〇名、馬匹二〇頭」が、中国側官憲の護送のもとに、西安に到着した。西安でイギリス人官吏が彼らと対面したが、そのときヘンティッヒは、「風采好き三七、八歳の軍人らしき人物なるが、途中土匪に掠奪せられ一文の旅費をも有せず」という有様であった。さらに西安で中国側官憲がヘンティッヒを取り調べると、以下のような事態が判明した。(61)

独乙冒険隊の首領として武装隊を率い「イスパハン」方面に現れしが露国官憲に逐はれて「メシェット」方面へ逃れたり、其後「ナイデルメーヤー」

大尉と共に阿富汗人民の煽動を企てたるも失敗に帰したれば「ナ」大尉と分れて独兵二名土人数名を率い昨夏支那方面に向い新疆葉爾羌〔ヤルカンド〕に出でたり。

同方面にありて回教徒特に独乙土耳古に同情せる土人を使嗾して排英・露主義を鼓吹し又喀什噶爾〔カシュガル〕在住の瑞典〔スウェーデン〕宣教師の助力を得て北京公使館と文書の往復を開始せんとしたるが、旅券なきを以て支那官憲に立退きを命ぜられたるものなり。

すなわちヘンティッヒとニーダーマイヤーは、武装部隊を率いてイランのイスファハーンに出没したが、ロシア軍に追われてシーア派の聖地マシュハド方面に逃れ、その後アフガニスタンで扇動をおこなったが失敗した。その後ヘンティッヒはニーダーマイヤーと分かれ、新疆のヤルカンドに出て、ドイツやトルコにシンパシーを懐くムスリムを使嗾して反英・反露運動を展開し、北京駐在ドイツ公使ヒンツェと連絡を取ろうとしたところで中国官憲に国外退去を命じられたというのであった。

(2)　満洲におけるドイツの後方攪乱工作

第一次世界大戦におけるドイツの辺境「革命促進」工作は、全世界で展開され、東アジアにもおよんでいた。とりわけ中国を舞台として、ドイツは、中国人を使嗾し、あるいはドイツ人みずからが関与する形で、東清鉄道・シベリア鉄道の爆破などの破壊活動やさまざまな親独プロパガンダを試みていた。その中心的役割を担ったのは、長い間ドイツのロシア帝国駐在武官を勤めたヒンツェ公使であった。ヒンツェは康有為《こうゆうい》、孫文、唐紹儀《とうしょうぎ》らの政治家に資金の提供を示唆して中国の対ドイツ国交断絶を阻止しようとしたり、あるいは各都督を買収して反段祺瑞《だんきずい》政府の運動を起こさせようとした(62)。

図11　パッペンハイム（Hermut Burgmeister und Veronika Jäger (Hrsgg), *China 1900. Der Boxeraufstand, der Maler Theodor Rocholl und das „alte China"*, Hofgeismar: Verein für hessische Geschichte und Landeskunde e. V. 1834, Zweigverein Hofgeismar, 2000, S. 114.）

ヒンツェは、さらに、中国の中立を利用して、奉天駐在ドイツ領事館副領事ヴィッテ（Witte）を通じて親独ビラを印刷・配布させたり、新聞社を買収して独墺側に有利な世論を喚起させようとした。その上、ドイツは非合法活動もいとわなかった。奉天駐在ドイツ領事館は、「鞏衛団」と称する中国人や朝鮮人からなるテロ集団を使嗾し、東清鉄道の爆破などを試みている（ただし、失敗した）[63]。

中国では、さらに、中国駐在ドイツ公使館付武官パッペンハイム（Werner Rabe von Pappenheim）少佐が、みずからラクダ隊を組織してロシアの鉄道施設に対する攻撃を敢行しようとした。パッペンハイムが北京を密かに脱出して北満に向かい、東清鉄道のさまざまな重要地点の破壊工作を開始したのは、第一次世界大戦勃発から一ヵ月が経過した一九一四年九月の時点であった。彼は、当初は「中国官憲」（おそらく東北地方の諸「軍閥」や「馬賊」）を使嗾して東清鉄道を爆破させようとしたが、中国側は「日本とロシアへの恐怖」からこれを拒否したという。さらに、パッペンハイムによれば、中国側が協力を拒否したため、みずから満洲に赴き、「数度の爆破工作を試みた」が、「強力な鉄道監視のため今まで成果はなきに等しく、あっても不十分」であり、ひとたび北京に戻った。

翌一九一五年初頭、パッペンハイムは北京やその周辺に居住していた徴兵可能なドイツ人一行とともにふたたび内モンゴルへの遠征をはかった。

図12　北京公使館内のパッペンハイムらの碑（PAdAA, R 21396.）

同年三月半ば、北京駐在ドイツ公使館に、パッペンハイム一行がドロノール湖付近で馬賊に襲撃され、最後の一人まで殺害されたという情報が入った。殺害したのは、パッペンハイムがテロ活動の支援を求めて接近した内モンゴルの義賊バボージャブ（Babujab）であった。モンゴル人商人が北京にもたらした情報によれば、パッペンハイム一行が渓谷を通過する時にバボージャブ一派に襲われ、最後まで抵抗したが倒れた、という。殺害はロシア政府がバボージャブに教唆したものであり、遺体は爆発物を仕掛けて焼却されたといわれている(64)。

ロシア政府と日本政府、とりわけ東京駐在ロ

図13　林銑十郎（国立国会図書館HPより）

シア大使マレフスキー・マレヴィッチ（Nikolai A. Malevskii-Malevich）、北京駐在ロシア公使クルペンスキー（Vasilii N. Krupennskii）や奉天駐在ロシア武官ブロンスキー（Vasilii Vasilievich Blonsky）は、ドイツの東アジアにおける陰謀およびその噂に翻弄された。こうした例に示されるように、ドイツはテロ活動・破壊活動・プロパガンダ活動により満洲にまで「東漸」してきたのである。

なお、パッペンハイムの「英雄譚」は、野戦郵便版のポケット文庫となって兵士に愛読され、ドイツ軍の中で語り継がれることとなった(65)。

(3)　ドイツの対イスラーム政策と林銑十郎

第一次世界大戦期のドイツとイスラームを考える場合、林銑十郎の活動に注目しておく必要があるだろう。林は日露戦争に大尉で従軍し、歩兵第六旅団の副官として旅順攻撃に参加した。一九〇六年、参謀本部員となり、朝鮮駐箚軍司令部附を経て、一九一三年にドイツに留学し、翌一四年に第一次世界大戦が勃発すると、イギリス駐在武官に転任となり、ドイツの動向を中心に第一次世界大戦の経過を観察した。一九一六年に帰国すると久留米俘虜収容所長としてドイツ・オーストリア軍の捕虜に接し、その後臨時軍事調査委員などを経て一九二三年にはフランスに出張し、国際連盟陸軍代表などを務めている。

林はその間、一九一四年から一九二一年にかけて『第一次世界大戦時回教諸国ノ動静』と題したイスラーム教および「ユダヤ問題」に関する自筆の研究ノートを執筆し、その中で「将来回教党は勃興の見込あるや」「独逸中亜極東政策と回教」「支那に於ける回教」「印度に於ける回教党の形勢」「一九一九年四月印度に於ける暴動顛末」「アフガニスタンの近況」「国際的陰謀（波斯）」「土軍の（波斯）侵入」「メソポタミヤに於けるアラブの行動」「亜刺比亜（アラビア）人の革命」「小亜（小アジア）鉄道問題」「国際間の陰謀（独人の埃及（エジプト）農夫操縦）」「センシ（イスラーム神秘主義のサヌーシー教団）の形況」「一九一八年以来中東方面の情況」「キリキス（キルギス）族の独立運動」など、近東・中央アジアの非常に広範囲にわたる地域の宗教状況・民族状況およびそれに対する列強の政策に関する情報をたんねんに収集・整理しているのである(66)。とりわけドイツの中央アジアおよび東アジア政策とイスラームに関する林の関心には興味深いものがある(67)。

三　「独禍東漸」と「日禍西漸」

(1)　「独禍東漸」の脅威

一方、日独青島戦争の終結（一九一四年一一月）によりアジアにおける第一次世界大戦の大勢は決したが、ヨーロッパにおいてはなおも戦争が継続し、勝敗の帰趨は不明であった。日本は一九一七年一月に第二特務艦隊を地中海に派遣し、イギリス海軍の指揮の下で対独戦争を継続したが、日本政府および日本陸海軍にとっては、ドイツが勝利する可能性を完全には排除し得ない状態が続いた。こうした状態は、ドイツがいずれ勝利し、やがてその勢力を東アジアにまでおよぼしてくるのではないかという恐怖感を日本の政治家や軍人や世論の中に生じさせた（これを当時「独禍東漸」論と呼んだ）。

その際、ドイツが「東漸」してくるルートについてはさまざまに考えられた。第一の可能性は、ドイツがオランダに圧力を加え、オランダ領東インド（現インドネシア）に手を伸ばすという、いわば東南アジアルートのシナリオである。たとえば一九一五年二月三日、田中義一（参謀本部付）は首相寺内正毅につぎのようにドイツの脅威を述べていた。

白耳義〔ベルギー〕は言う迄もなく荷蘭〔オランダ〕も〔ドイツによる〕併合若しくは少なくも〔ドイツとの〕聯邦の位置に立つものと考えられ候。左すれば東洋の蘭領印度は独逸の占有に帰し、日本は手も足も出ぬ様に相成るべく……。(68)

第二の可能性は、ドイツ軍がロシアを屈服させ、場合によってはロシア軍とともにシベリア鉄道を通じて東アジアへ進出するという、いわばシベリアルートのシナリオである。第三の可能性は、ドイツがトルコ、イランを通じて中央アジアに進出し、アフガニスタンやインドから中国の新疆へ、さらにはモンゴルや満洲方面へ進出するという、いわば中央アジアルートのシナリオである。この第二、第三の可能性は、とりわけ一九一七年一一月にボリシェヴィキ革命が成功し、翌一八年三月にブレスト・リトフスク講和条約が締結されたのちには、現実性を持ったシナリオとして日本の人口に膾炙する有様となった。しかもその際に注目されたのは、シベリアにおいて俘虜収容所から多くのドイツ人俘虜が脱走したとの風評であった。日本では、脱走したドイツ人兵士が再武装し、ソヴィエト赤軍とともにシベリアや中国東北部に「東漸」してくる可能性が取り沙汰されたのである。右翼黒竜会の機関誌『亜細亜時報』は、一九一八年七月の「社説」において、以上のような状況を踏まえつつ、つぎのように主張した。(69)

今や独逸は西部戦線に於て、全力を傾注して大攻勢運動を開始しつつありと雖も、苟も該戦闘にして、一旦終結せむ乎、独逸は長駆して波斯〔ペルシャ〕より中央亜細亜に出で、印度を衝き、或は西比利鉄道を利用して新疆・甘粛方面、又は満洲、蒙古方面に進出せむとするは、必至の勢にして、其の実現は殆ど疑を容れざる也。〔中略〕目下西比利各地に散在しつつある多数の独墺捕虜は、左したる盲動に出でざるが如しと雖も、其の裏面に於て、如何なる陰謀を蔵し、何時如何なる行動に出でむも、未だ測る可からず。況んや独逸が波斯若くは印度方面に進出するも、西比利方面に進出するも、此の多数の捕虜を利用し、之をして先鋒の任に当たらしむるは、彼等に取りて屈強の利便たるに於いておや。

(2) 日本の「西漸」としてのシベリア出兵

ボリシェヴィキ勢力の伸張と歩調を合わせた「独禍東漸」の脅威に対し、日本が軍事的に対応しようとしたのが、いうまでもなくシベリア出兵であった。シベリア出兵は、当初はウラジヴォストークに蓄積されたおびただしい軍事物資がソヴィエト・ロシアを通じてドイツに利用されることを阻止するために、のちには「東部戦線再建」を目指すために英仏によって提起されたが[70]、日本陸軍の内部では、以下のような目的設定がおこなわれていた[71]。

帝国陸軍はバイカル湖以東の露領および東清鉄道沿線に於ける諸要地を占領し、露国穏健派を支援し、以て極東の治安を維持し、且つ将来発生すべき対独（独逸に支援せられて来る露兵をも含む）作戦の為め所要の準備を行い、特に露国穏健分子を推進して其の力を西漸せしむる〔傍点は引用者〕。

まさしくシベリア出兵は、ボリシェヴィキ勢力と手を携えた「独禍東漸」に対する、ロシア「穏健派」をしたがえた日本勢力の「西漸」として把握される側面を有していたといえよう。

もちろん、「独禍東漸」の脅威は、ドイツの敗北およびヴェルサイユ講和条約の調印によって、当面日本外交の考慮から除外されることになる。しかしながら、第一次世界大戦におけるドイツ脅威の経験は、一九二〇年代の日本外交にいわば下位意識として伏在し、一九三三年一月三〇日のナチスの権力掌握を画期として、やがて一九三〇年代の日本の対外態度にふたたび影響を与えることとなる。しかもその時には、ドイツの「東漸」は、日本に対する政治的脅威として意識されるよりも、むしろ正反対に、対ソ政策において手を結ぶべき政治的傾向として肯定的に認識されるようになるのである。

第三章　関東軍の「西進」政策と内蒙高度自治運動

日露戦争での日本の勝利と、第一次世界大戦・ロシア革命によるロシア帝国の脅威の消滅にもかかわらず、第一次世界大戦後の日本陸軍、とりわけ関東軍の主要な仮想敵は、もちろんロシア（ソ連）であり続けた。したがって、日本陸軍、とりわけ関東軍は、将来の対ソ戦争に備え、さまざまな対ソ戦構想を考案し、またさまざまな手段で対ソ戦争遂行に必要な情報の収集に力を注いだ(72)。

その際注目しなければならないのは、日本陸軍において諜報・謀略を扱う参謀本部第二部および関東軍において諜報・謀略を扱う参謀部第二課が、将来の対ソ戦争は、正規軍と正規軍の正面戦においてよりも、むしろ謀略戦によって決着がつく可能性が高いと考えていたことである。そこにはもちろん、参謀本部の主流である第一部＝作戦系に対する第二部＝諜報・謀略系の潜在的な対抗意識が働いていたことは否定できない。しかしながら、参謀本部第二部および関東軍参謀部第二課は、将来の対ソ戦争のために必要と思われる諜報・謀略工作を積極的に推進した。

しかも重要であるのは、ロシア（ソ連）がヨーロッパから近東・中央アジア・中国に隣接する広大な領土を有しているため、彼らの諜報・謀略工作上の関心も、たんに樺太や朝鮮半島や満洲にとどまらず、フィンランドなど北欧、ポーランド、ブルガリアなど東欧・東南欧、トルコ、近東、イラン・

アフガニスタンなど中央アジア、外モンゴル、新疆や内モンゴルなど中国西部にまでおよんでいたことである。

これらの地域はもちろん日本の勢力圏ではなかったため、その諜報・謀略工作は、主として各国駐在日本陸軍武官や特務機関などによって担われることになった。しかもこうした地域には多くの少数民族が居住しており、またとくに近東・中央アジア・新疆などでは多くのムスリムが生活していた。したがって、参謀本部第二部・関東軍参謀部第二課の政策においては、少数民族およびムスリムへの働きかけが重要な部分を占めることになったのである。

一　関東軍と参謀本部第二部の対ソ謀略構想

(1)　参謀本部の甘粛・新疆・アフガニスタン調査

シベリア出兵に際し、一九一八年五月一六日、日本は中国北京政府と日華共同防敵軍事協定を締結した。その第七条第七項には「軍事行動区域内に諜報機関を設置し、ならびに軍事所用の地図および情報を相互交換す。諜報機関の通信連絡に関しては彼此輔助してその便利を図る」と規定され、日中両国の諜報上の協力が含意されていた(73)。

この協定が成立することを前提として、日本の参謀本部員および属官の一団が、諜報員として庫倫（ウランバートル）、売買城（マイマチェン）、塔城（タルバガタイ）、伊寧（グルジャ）、迪化（ウルムチ）、喀什（カシュガル）などに派遣されることとなった。[74] 同年五月二八日、彼らは大規模なキャラバン隊を組み、北京を出発した。一行は砂漠の中で困難な西進を続け、六月二三日に粛州（甘粛省酒泉）に到着、七月一日から七日まで甘粛省最西部の安西に滞在、新疆東部の哈密（ハミ）を経て八月一〇日に迪化に到着した。一行の一部はロシアとの国境に近い伊寧を目指してさらに七〇〇キロ西進、九月一〇日に目的地に到着した。西域各地に分散した彼ら参謀本部員は、その後現地当局者の協力も得つつ、一九二〇年に帰国命令が出るまで、それぞれの地にあってロシア情勢をも含めた情報収集に努めた。こうして日本陸軍は、ロシアおよび外モンゴル南部に接壌する甘粛・新疆の現地情勢や地誌などに関し、大量の諜報資料を合法的に蒐集したのである。[75]

図14　谷寿夫（谷寿夫『機密日露戦史』原書房，1966年）

この時期における日本参謀本部の中央アジアに対する諜報上の関心を考えるには、さらに、当時インド駐在武官（一九二〇年一〇月―二三年一一月）であった谷寿夫《ひさお》のアフガニスタン探訪についても触れておく必要がある。谷は、参謀本部への「意見具申　中東方面情報収集機関の配置と印度駐箚武官たる地位の将来」をまとめ、その中で、近東・中央アジア・南アジア方面における日本陸軍の諜報体制の充実を以下のように提案している(76)。

今次大戦後に於ける中東諸方面の活躍は我帝国との関係既往に比し一層密実を加ふに至れり。〔中略〕我軍部諜報機関の配置は概ね次の如くなすを可とせし。

一　印度駐箚武官をして印度（緬甸〔ビルマ〕錫蘭〔セイロン〕を含む）の外、西蔵〔チベット〕、新疆、阿汗斯坦〔アフガニスタン〕及び波斯〔ペルシャ〕の情報を蒐集せしむ。但し時に阿国を旅行せしめて南部露国方面の状況諜知せしむること緊要なり。

二　土国〔トルコ〕駐箚武官を君府〔コンスタンチノープル＝イスタンブル〕に置きて同国、阿刺比亜〔アラビア〕、高架索〔コーカサス〕方面の情報収集に任ぜしむると倶に、時に波斯を旅行せしむること必要なり。

三　新架坡〔シンガポール〕の中心となる南洋方面の情報収集は同地駐箚我海軍武官に特に依頼するかまたは同地在留邦人を使用するを要す。而して相当の報酬を与ふものとす。

四　広大なる中東の情報収集に上記両在〔インドおよびトルコ〕の武官を以てするは稍過大なるにより、隔年に一回連絡将校を派遣し之が欠を補うを要す。

すなわち谷は、インドおよびトルコ駐在武官を中央アジア、近東方面の諜報の中心に位置づけるとともに、インド駐在武官はインド、ミャンマー、スリランカ以外にもチベット、新疆、アフガニスタン情報を収集させ、トルコ駐在武官にはトルコ以外にもアラビア半島、コーカサス地方の情報収集に当たらせるとともに、両武官の担当地域は広大に過ぎるので、隔年に一度程度に連絡将校を派遣して欠を埋めるべきだというのである。こうした谷の提案は、その後の参謀本部第二部の中央アジアでの活動に大きな影響を与えたといえるであろう。

なお、谷のアフガニスタン訪問報告で興味深いのは、中央アジアに位置するブハラ国最後の王アーリム・ハーン（Emir Mohammed Alim Khan）との面会記録である。旧ロシア帝国に属したブハラ王国は、一九二〇年にボリシェヴィキの革命で打倒され、アーリム・ハーンは東ブハラのドゥシャンベ（現タジキスタンの首都）へ逃れ、その後カーブルで亡命生活を送っていた(77)。谷は一九二二年にカーブルでアーリム・ハーンと会見し、以下のように報告している。この報告はのちのアフガニスタン駐在日本陸軍武官宮崎義一の行動に影響を与えていると思われるので、迂遠ではあるが、引用しておきたい。

図15　アーリム・ハーン

ボカラ王『アミール』が過激派軍（ボリシェヴィキ）に追われて『オクザス』河を渡り『アフガン』王の好意によりて『コーブル』（カーブル）の一隅旧城址に避難せしは已に二歳（二年）の昔なり。爾来同王は股肱の臣約二百と共に質素なる生活をなし、好機の到来を待ちつつあるも、形勢日に非なるを如何せん。小官は一日外務省の承認の下に同王を訪いしが、小官の好意を喜こび極東の事情等質問せられたり、小官は『アフガン』国王と同じく頗る同情する所あり、而して阿富汗王は累りに『ボカラ』王に対する助力を欲するも大勢上其復興は至難なるが如し。尚聞く所によれば同王居所には刺客出入頗る危険なりと。

当時アフガニスタンで亡命生活を送っていたアーリム・ハーンが、臣下を従えて政治的復権の好機到来を夢見つつも、暗殺の恐怖におびえ、不遇をかこつ生活を送っていることが示されていたといえよう。

さらに、アフガニスタン軍および軍人の特徴として、谷が以下のように述べているのは非常に興味深い。「従来同国民は国王を逆殺するの例多きにより、彼らを使嗾し、之が決行を迫るも亦一法なり」。「間諜利用等に当り阿人〔アフガン人〕を使用せし際、現金を以てする報酬は其業務達成の後に与ふべし、決して予め附与すべからず(78)」。すなわちここで谷は、現金を用いてアフガン人をスパイとして利用する際の注意事項を記しているほか、国王暗殺などのクーデターを唆すのも「一法」であると述べていたのである。

(2)　神田正種の対ソ謀略論と参謀本部ロシア班長若松只一

一九二二年一〇月に日本は一部を残してシベリアから撤兵し、一九二五年一月二〇日には日ソ国交回復が実現した。しかしその後も、日本陸軍の第一の仮想敵は、いうまでもなく、ソヴィエト連邦およびソヴィエト赤軍であり続けた。

そのため関東軍は、甘粛、新疆などで集めた前述の諜報資料などにも依拠しながら、将来の対ソ戦争遂行をさまざまに構想した。そこでの一つの特徴は、将来の対ソ戦争では、正規軍同士の戦いよりも、むしろ後方攪乱、すなわち民族対立の扇動、破壊活動、テロ行為などを含む「謀略戦」が重要になるという認識であった。しかもそのような謀略活動は、たんにソ連と勢力圏を接する中国東北地方（満洲）において必要とされるだけでなく、アジアとヨーロッパにまたがるソ連の地政学的広大さゆえに、ユーラシア全域において実行されることが肝要であると考えられたのである。

たとえば一九二八年二月、当時満鉄に出向していた対ソ謀略の専門家神田正種《まさたね》少佐は、参謀本部第二部（諜報・謀略担当）ロシア班長若松只一《ただかず》大尉に宛てた「対露謀略の大綱」なる文書で、以下のように述べていた(79)。

将来戦に於ける謀略の占める地位は頗る重大なり。就中対露作戦に於ては武力を以て最終の決を告ぐる能はず。場合に依りては戦争の大部は謀略戦に依り終始すべし。対露謀略の包含する業務は多岐にして其行動は全世界に亘るべきも、今其行うべき業務の大綱を掲ぐれば次の如くなるべきか。

すなわち神田によれば、将来の対ソ戦争は、正面戦・正規戦よりも謀略戦によって決定されるというのである。その「大綱」の第一としてあげられているのは、極東ソヴィエト内部における政治的混乱を促進し、極東ロシアをヨーロッパ・ロシアに対抗させる方策であった。神田はつぎのように述べる。「人種、思想、階級に関する諸闘争を激成せしめ、特に共産党の内訌を盛ならしめ、国家組織の破壊を期す。就中聯盟〔ソヴィエト連邦〕内の亜細亜系民族諸州を結束し、欧羅巴〔ヨーロッパ〕露西亜に対抗せしむるを要す」と。第二は、極東赤軍内部の少数民族部隊に対する謀略工作である。「前項と相関連し、軍隊就中異民族諸隊に非戦熱を煽り、露軍の極東作戦計画に錯誤を生ぜしむ」必要があるというのである。第三は、ソ連に隣接するユーラシアの諸国家・諸地域（想定されているのはアフガニスタン、イラン、コーカサス、トルコ、東ヨーロッパ諸国など）に働きかけて、ソ連の軍事上の諸方策を妨害することである。すなわち「西方及南方の接壌諸邦を誘引して露国を脅威し、大軍の極東移動を不可能ならしめ、また経済封鎖に依り物資就中軍需の輸入を防止」すべきであるというのである。

第四、第五は、上述の諸方策に付随する破壊工作およびテロ行為、具体的にはシベリア鉄道を中心とする輸送機関の破壊、通信施設の破壊、軍需工場でのサボタージュ扇動などである。神田によれば、「輸送機関を破壊して軍の動員、集中を渋滞せしめ、軍需工場の騒擾を惹起せしめて軍需の製造を妨害」することが必要であり、シベリア鉄道は「其最も要点をなす」重要な戦略目標であった。さらに「通信施設を破壊し、また無線競争等に依りて世界より孤立せしめ」る必要があるというのであった。

第六は、日本の勢力圏における対ソ破壊工作の準備、ならびにシベリアやコーカサスにおける破壊活動との連携である。すなわち「南満洲、朝鮮、樺太に於て反共産党団体を組織し、機に応じて北満洲及極東露領に進出せしめ、露軍の作戦行動を掣肘し、一般戦況の進展に伴い露領内に反共産政権を樹立し、西伯利、高架索方面と相呼応して共産党政権の転覆を企図」すべきであるとされたのである。

最後に神田は、こうした反ソ工作は「全世界」、とりわけヨーロッパ大陸およびアジア大陸で展開する必要があり、そのため世界各国に特務機関を設置する必要があることを強調する。

対露謀略の行はるる範囲は全世界に跨るを以て、其機関も又両大陸（ヨーロッパおよびアジア）に網羅せざる可らず。

以上のような戦略的考察のほかに、関東軍が想定したいわば戦術的な方策も興味深い。神田によれば、ロシアの農民に対する工作をおこなうには、「商人に仮装」した活動拠点の形成が有用であるという（「農民と取引関係を有する商人に仮装し、資金を有する武官数名を配属す」）。さらに状況の進展によって、ユーラシア諸地域での農民の反共産党運動・反戦運動・ストライキを扇動し、相互に連携させることが肝要であるという（「情況進展するに伴い極東、欧露、南露地方と連絡して農民を主とする反共産非戦運動を惹起せしめ、クズネスク、チェルノゴルスク炭坑の罷業、農民の穀物非売を扇動し、西伯利鉄道破壊を指導して逐次東方に撤退す」）。

以上に見たように、神田ら関東軍の謀略担当将校が想定した計画は、ソヴィエト連邦に接壌するヨーロッパ大陸諸国およびアジア大陸諸国に働きかけ、ユーラシア諸民族を扇動するとともに、そこでの反ソ活動を促進し、シベリア鉄道や軍事施設・通信施設に対する破壊活動をおこなおうというものであった。これはいわばユーラシアにまたがる対ソ謀略工作とそのための拠点形成（特務機関の設置など）を目指す計画であったといえよう。そしてこの「対露謀略の大綱」が若松只一を通じて参謀本部第二部に届けられていたことからも明らかなように、関東軍と参謀本部は、対ソ謀略工作に関する摺り合わせと意志一致をおこなっていたのである。

図16　橋本欣五郎

(3)　橋本欣五郎の「コーカサスの謀略的利用」論

参謀本部第二部の中央アジアにおける反ソ諜報・謀略構想を考えるにあたっては、一九二九年一一月一五日付でイスタンブル駐在陸軍武官の橋本欣五郎《きんごろう》が参謀次長岡本連一郎《れんいちろう》に送った「高架索の謀略的利用」なる文書に注目しておく必要があろう。この文書の中で橋本は、コーカサスがソ連の一部をなしているにもかかわらず、モスクワなどソ連の中心部から離れており、人種・宗教が多様なので、対ソ謀略の利用に適しているとして、以下のように述べている。「高架索地方は地理上蘇国中央より遠り、人種宗教雑多にして、露国の文化比較的普及しあらざる事等よりして対蘇謀略上重要なる一点たることを失わず」。さらにコーカサスにおけるさまざまな民族運動を紹介しつつ、その「謀略的利用」の方法をつぎのように提案している[80]。

大アルメニア主義、グルジアの独立主義、ムスリマン運動、山地人のパルチザン式活動等を刺激し、高架索に於ける各種人種を相反目せしめ、高架索に混乱状態を現出せしむることも一の謀略とすることが出来る。其附火として最も有望なるは大アルメニア主義である（其成功は度外視す）。然る時は、土耳其は勿論、グルジヤ、アゼルバイジャン等も之に反対し一混乱状態を演出する。

右山地人は其の文化低級にして少数各種人種混雑し政治的に利用することは多難である。事件発生後之を扇動し戦闘的パルチザン式に私用することは不可能ではない。

なお、橋本は、イスタンブル勤務ののちに日本に戻り、参謀本部第二部ロシア課勤務となった。

(4)　ポーランド軍部との課報コネクションと笠原幸雄

一九二〇年代に日本参謀本部はヨーロッパにおいてもさまざまな反ソ諜報・謀略工作を繰り広げたが、その際フランスのパリに次ぐ根拠地の一つとなったのはポーランドのワルシャワであった。当時ドイツはヴェルサイユ体制の下で軍事的主権を著しく制限されており、さらに連合国の軍事監視団の統制の下に置かれて諜報活動面でも制約を受けていた。他方、ポーランドは一九一八年に独立を達成したあともソ連・ポーランド戦争を戦うなど、ソ連邦に隣接する東欧諸国の中では活発な反ソ政策を展開していた。ポーランド軍はさらに諜報面でも第一級の対ソ情報収集能力を有していた。(81)とりわけポーランド軍の暗号解読能力は当時世界有数といわれており、日本参謀本部も多くの将校を派遣し、またポーランドから専門家を日本に招聘して暗号解読の学習に努めた。日本陸軍はポーランド情報将校の日本に対する貢献を「同国駐在帝国公使館付武官陸軍歩兵中佐山脇正隆外三名に対し孰れも諜報勤務に対し多大の援助を与え我参謀本部の業務に貢献する所少なからず」とし、「今日帝国陸軍の暗号解読が実用の域に達したる所以」であるとその功績を非常に高く評価していた。(82)こうして、日本参謀本部は、対ソ諜報・謀略工作のヨーロッパにおける重要な協力相手としてポーランド軍を選んだのである。

その成果の一つとして、笠原幸雄大尉がポーランド駐在武官時代（一九二二―二五年）にまとめた「戦地に於ける露軍の政治（宣伝及軍政）作業」（一九二五年二月五日）がある。この報告の内容は残されていないようであるが、「赤軍内に対する作業」「敵軍に対する宣伝」「地方住民に対する作業」「軍の政治機構」「平時演習と政治作業」などの項目別に赤軍の内情を詳細に解説したものであり、一九二五年二月に参謀本部から「本書は波蘭国駐在員陸軍騎兵大尉笠原幸雄の作業にして軍務局長に呈出せられたるものなるも、対露諜報上有利の資料なるを以て当部に於て参情報として発行せり」との前書きを付して内部刊行されたものであった(83)。

なお笠原は、その後一九三〇年一月から三二年三月までモスクワ駐在武官を勤めたあと、三二年三月に帰国し、参謀本部第二部ロシア課に勤務することになる。彼は一九三一年三月二九日に「対「ソヴエト」連邦帝国国防に関する雑感」を記し、将来の対ソ戦争について以下のように述べていた(84)。

極東に於いて敵の死命を制すること困難なる状況に於いては、特に謀略宣伝により「ソ」連邦の隣接諸国其他を対「ソ」戦争に導き、且「ソ」国内外の白党団体異種民族党反「ソ」分子を利用し内部の崩壊を来さしむることは、対「ソ」戦争に於いて特に重要欠くべからざる要件なり、而も「ソ」国の現状は此の謀略実施の為め有利なる景況にあること前述の如し。従って「ソ」国隣接諸国と外交軍事各方面に連絡を鞏固にすること並びに反「ソ」各種分子に平時より連絡を保持することは極めて価値あるものと信ず。

これは、将来の対ソ戦争において謀略が決定的に重要であること、またソ連邦接壌地域の諸国と連絡を強化して対ソ戦争に導き、ソヴィエト国内の反革命分子、少数民族に働きかけてソ連の内部崩壊を導くことが肝要であるという点において、内容的には神田正種の対ソ謀略論とほぼ同趣旨の内容であったといえよう。その上で笠原は、ポーランドに加え、以下のようにルーマニアの「謀略的価値」を強調している。

> 我謀略機関は単に「ソ」国情報蒐集の目的を以てのみ配置せらるることなく謀略的見地を於基〔ママ〕顧し決定するを要す。此の意味に於いて羅馬尼〔ルーマニア〕に我軍事機関を配置するの必要を痛感す。蓋し同国は「ソ」国情報蒐集の見地よりすれば其の価値少なきも波蘭と共に日「ソ」戦争の場合に於ける牽制国の雄にして謀略的価値極めて大なるのみならず同国並に国軍の価値を知るは我作戦上亦欠くべからざる所なるを以てなり。

実際、日本陸軍は、笠原の提案もあってか、一九三三年五月にポーランド駐在武官補佐官臼井茂樹大尉をルーマニア兼任として任命している。(85)

その後笠原は、一九三六年三月には参謀本部第二部ロシア課長に就任している。すなわち笠原は、ベルリンで日独防共協定交渉が進行しているとき（一九三五年九月―一九三六年一一月）、参謀本部第二部ロシア課の中心人物だったことになる。この時期のロシア課の任務について笠原は、戦後、国際検察局の尋問に対し、「われわれの仕事はソ連、ドイツ、ヨーロッパ情勢に関することだった」と述べている。(86) さらに彼は、一九三八年夏に始まる「防共協定強化交渉」でも重要な役割を果たすことになる。

二　満洲事変後の関東軍・参謀本部第二部の「西進」政策

(1) 松室孝良の「蒙古国建設に関する意見」

一九三一年九月一八日、関東軍は謀略により「満洲事変」を引き起こし、翌三二年三月には傀儡国家「満洲国」を作り上げた。この「満洲国」の建設には、中国東北地方の経済的資源の確保や中国本土への侵略の橋頭堡の確立、遠い将来における対米戦争遂行のための工業建設など、いくつかの複合的な戦略目的が存在したが、近い将来における対ソ戦争遂行のための反共産主義的な戦略拠点の確保がその中で極めて大きな比重を占めていたことはいうまでもない。

関東軍は一九三三年五月三一日のいわゆる塘沽《タンクー》停戦協定で「満洲事変」に一応の終止符を打った。この協定により関東軍は、長城線を確保するとともに、冀東地区（河北省東部）に非武装地帯を設定することに成功したのである。しかしそれにとどまらず関東軍は、ソ連およびモンゴル人民共和国を南から牽制するため、この華北の非武装地帯を出発点として、甘粛・寧夏・青海・新疆への「西漸」計画を秘かに進めることとなった。

一九三三年一〇月、関東軍の松室孝良大佐は「蒙古国建設に関する意見」なる文書を起草し、「満洲国」とモンゴル人民共和国の間に横たわる内蒙地域に新たな傀儡国家「蒙古国」を建設する計画を

図17　内モンゴル・新疆地図

展開した。この「蒙古国」は、「帝国の対蘇および対支軍事行動並びに政策実施を容易」にするとともに、「外蒙を通じて蘇国を牽制する役割」を任うことになっており、その反ソ的・反共産主義的性格が強調されていた。さらにこの「蒙古国」が成立すれば「甘粛、新疆等にある回々族の興起」を促し、必然的に「回々国の建設」となり、また「西蔵をして蒙古国を通じ日本と提携するの機運」を醸成することになる。松室はこのようにして、日本を出発点とし「満洲国」「蒙古国」「回々国」「西蔵国」からなる反ソ的・反共産主義的な「環状同盟」が形成されるというのであった。しかもその「環状同盟」は、「中央亜細亜、波斯〔ペルシャ〕」へとつながるユーラシア的な契機を持つものとされたのである。

松室は「蒙古国建設の準備期間は三年」とし、

一九三六年までに関東軍の新たな陰謀を実行する姿勢を示した[87]。

一九三五年三月に関東軍参謀部第二課に赴任した田中隆吉（当時中佐）は、こうした松室らの謀略工作を引き継ぎ、「防共回廊」と呼び習わしてさらに積極的に推進した[88]。

(2)　神田正種のトルコ・欧州での活動と在欧武官会同

一方、神田正種は、満洲事変勃発後、みずからの対ソ謀略戦構想を近東およびヨーロッパにおいて追求すべく、一九三二年六月から三四年六月までトルコ駐在武官として赴任することになった。その時の参謀本部第二部のねらいを、神田は戦後つぎのように述べている。

満洲事変後、我対ソ戦備を促進充実するの必要上、第二部としては謀略準備を進める事の必要を痛感すると共に、従来の如く単に極東にのみ企劃していたのでは其価値少なく、是非欧州に手を拡げるべきであると思考した。余はこの考えを以て、昭和七年六月土耳其大使館附武官に赴任し、任地付近において調査した[89]。

すなわち対ソ謀略戦の準備を進めるには東アジアに留まっていては不十分で、ヨーロッパにまで活動範囲を拡大する必要があるというのである。したがって、神田はトルコにのみ閉じこもるつもりはなかった。彼はヨーロッパにまで足を延ばし、在欧武官会同でみずからの対ソ謀略構想を推進する姿勢を示した。参謀本部第二部ももちろんその在欧武官会同を重視していた。神田はその間の事情をつぎのように述べている。

是仕事はどうしても波蘭独仏を中心としなければならぬので、在欧武官会同を提唱し、昭和八年

〔一九三三年〕伯林に第一回会同を行い、従来此方面に無関心の状態にあった独・仏・英等の武官にも参劃を希望し、各其担任範囲に於て計劃を進め、更に昭和八年末か或いは九年当初の頃であったと思うが、第二回の武官合同を伯林で開き、東京からは第二部謀略班長武藤章中佐が来て一同の意見を聞いて行った(90)。

神田はさらにトルコの隣国ブルガリアでも謀略工作の足跡を残している。「土耳古方面に於ては白系露人の残存するもの殆どなく、あっても無勢力で、ブルガリアのほうが有力であったので、又ブルガリア参謀本部は〔中略〕我々を厚遇してくれたので、トルコの非妥協的態度に比べて仕事も仕易かったので、ソフィアで一、二の有力白系露人と合同し、其瀬踏として、黒海を通じてウクライナに連絡線を作るために、連絡を始めたが、是はイランに上田〔昌雄〕君が武官として着任したので是に申し送った(91)」。ここではとくに黒海を通じた連絡線の設置という点に注目しておこう。のちに見るように、日独防共協定に基づき推進された日独謀略協力においては、黒海も一つの重要な活動目標になるのである。

なお、神田正種がいう二回の在欧武官会同のうち少なくとも一回には、田中新一中佐が出席していたと思われる。ドイツ側の記録によれば、田中は、その際、「ロシア西部国境に隣接するヨーロッパ諸国を旅行し、ヘトマン・スコロパツキー（Pavlo Skoropadsky）と会談〔ウクライナ問題〕をもった」という(92)。ここでいうスコロパツキーとは、かつてニコライ二世（Nicholai II）の侍従文官を務めたこともあるウクライナ名門貴族出身の軍人で、内戦期の一九一八年にはウクライナ中央ラーダ政府の軍事部長にも選ばれたことのある人物である。その後、ウクライナがドイツに占領されるとスコロパツキーは傀儡政権の首長（ヘトマン）となるが、一九一八年一二月にソヴィエト赤軍に敗北するとドイツに亡命し、その後ドイツにあって反ソ活動を続けていたのであった。なお、田中自身は戦後、この欧州旅行を「欧州謀略の皮切りなり」と述べている。[93]このように、日本陸軍参謀本部第二部は、ナチスが権力を掌握した一九三三年を前後して、ヨーロッパにおける諜報・謀略体制を整備していくことになった。

(3) イブラヒム・クルバンガリー・アブデュルケリムと関東軍の動向

さらに、神田正種のトルコでの足跡のうちで注目すべきは、アブデュルレシト・イブラヒムに働きかけ、参謀本部第二部長磯谷廉介の合意を得た上で、日本を再訪するよう要請したことである。イブラヒムは、世俗国家を理念とし、ソ連との友好関係を維持していたトルコ共和国にあって、コンヤ地方の村で事実上の引退を強いられていたが、この神田の働きかけを受け、一九三三年八月にイスタンブルから日本を目指すことになる。[94]

東京でイブラヒムは、同じくムスリムと日本の連帯を説く「同志」との出会いを果たしている。バシキール人のムスリム宗教活動家クルバンガリー（Muhammed-Gabdulkhay Kurbangaliev）である。クルバンガリーはウラル地方におけるブハラ系バシキール人聖職者の家系に生まれ、ロシア帝国で宗教活動をしていたが、一九一七年にロシア革命が起きると白軍側に転じた。その後セミョーノフ（Gregori Michaeilovic Semyonov）と行動を共にしたが、敗れて満洲に逃れた。一九二四年には活動の拠点を日本に移し、田中義一、犬養毅、松岡洋右らの政治家、頭山満などの民間右翼、神田正種や四王天《しおうてん》延孝《のぶたか》、松井石根《いわね》、林銑十郎らの軍人との交流を深め、一九二五年には「東京回教団」を、二七年には代々木上原に回教学校を開設し、日本におけるムスリム社会の中心人物となっていた。さらにクルバンガリーは、日本とトルコの政治的支援を求めつつ、「ウラル・アルタイ民族の自由連邦」を構想したのである。(95)

このころ新疆では、一九三一年のハミ事件を契機として、漢人の省政府の支配に反発するテュルク系ムスリムの反乱が続発し、トゥンガン（回民）勢力もこれに関与した。反乱内部では諸勢力が分裂していたが、やがて一九三三年一一月に新疆のカシュガルにおいて「東トルキスタン・イスラーム共和国」が樹立された。「共和国」は、テュルク系民族の中で展開された民族主義的・近代的な改革運動の影響を受けていたが、しかしやがて省政府軍の圧力を受けたトゥンガン軍（馬仲英軍）の攻撃を受け、わずか数ヵ月ののちに壊滅してしまう。(96)

一九三四年に入ると、シンガポールに滞在していたトルコの親王アブデュルケリム（Abdulkerim）を「日本の策士」が呼びよせ、「親王は上海より新疆省にゆき日本の援助の下に第二の満洲国を建設する」との流言が飛び交った。クルバンガリーと「日本の策士」がアブデュルケリムを新疆に派遣し、「トルキスタン皇帝」に据えて、「東トルキスタン・イスラーム共和国」を「第二の満洲国」にしようというのである。この流言については、その影響の深刻さゆえに、広田弘毅外相が慌てて否定する一幕もあったが、いまなお真相は不明である。(97)しかしながら、一九三四年一月二四日に関東軍参謀部は

「対察〔チャハル〕施策」を起草し、「回教徒の懐柔利用は綏遠以西の住民に影響を及ぼすを以て今日より之が懐柔利用の準備をなす」との意気込みを示していたから、あながち根拠のない話でもなかったのである。(98)

三　日本の中央アジアへの「西進」とドイツ陸軍

(1) オット武官の東アジアでの活動開始

以上のような関東軍の「西進」政策は、もちろん極秘裏に進められたため、ドイツ側の軍人・政治家でもこれに気づいた者は極めて少なかった。その数少ない例外は、ドイツ国防軍の諜報関係者、とりわけドイツ陸軍参謀局第三課（外国陸軍担当）であった。

ドイツ陸軍が日本の膨張政策についてイメージを形成する際に重要な役割を演じたのは、オット（Eugen Ott、のち日本駐在陸軍武官、日本駐在大使）の東アジアでの観察であった。オットは当初、満洲事変の観戦武官として満洲へ派遣されるよう希望し、一九三三年夏に東京に着任したが、一九三三年五月三一日の塘沽停戦協定ですでに満洲事変は事実上終結していたため、名古屋の第三師団付となった。名古屋に着任する前の一九三三年八月、オットは一ヵ月間満洲への調査旅行を許され、そこで菱刈隆《ひしかりたかし》関東軍司令官、小磯国昭参謀長兼特務部長らと会談した。さらに、ある佐官級の関東軍幹部の話から「満洲国」や「隣接諸省」をめぐる関東軍の意図に関する認識を深めた。(99)その折には、熱河作戦で関東軍が獲得した地域への満洲航空機を使った航空偵察を許されている。その後オットは名古屋に着任し、そこでさらに「もっぱら日本軍に関する研究に専心」した。彼がのちに述べているように、ドイツ陸軍は、一九一四年の日独戦争勃発に際し、当時の日本駐在陸軍武官ファルケンハウゼン（Alexander von Falkenhausen）が帰任して以来、「日本軍とのすべてのコンタクトを失った」ので、日本陸軍の現状に関する知識を「まったく欠いていた」からである。(100)

翌一九三四年四月にオットは、第一次世界大戦終結後初めての駐日ドイツ陸軍武官に任ぜられるが、その前の一九三三年一二月末に一旦帰国し、ヒトラー（Adolf Hitler）に直接面会して日本情勢について報告したほか、ドイツ国防省で東アジア情勢に関する報告をおこなった。(101)

(2)　ドイツ陸軍参謀局の「日禍東漸」認識

ドイツ陸軍参謀局第三課長（外国陸軍担当）シュテュルプナーゲル（Karl Heinrich von Stülpnagel）は、一九三四年三月二九日、オットの報告などをもとに「アジアにおける日本の政策——概観」という文書を作成し、以下のような分析をおこなった。この文書は日本の「西漸」に関するドイツ国防省の認識を示している点で、非常に興味深い。(102)

シュテュルプナーゲルはまず、満洲事変後、日本の影響力が満洲から内蒙古へ、さらに新疆へと拡大しているとして、つぎのように述べる。

満洲自身をめぐって情勢は沈静化しているが、ロシア帝国の周辺地域で日本の外交および日本の密使の活動が顕著である。〔中略〕内蒙への日本の影響力の浸透はさらに進んでいる。〔中略〕中国領東トルキスタン〔新疆〕にはロシア・日本・イギリスのエージェントおよびその支援者が活動している。現在カシュガルでは日本の影響力が優勢である。(103)

さらにシュテュルプナーゲルは、日本の影響力が中国を越えて西漸し、近東にまでおよんでいるとの認識を示した。彼は日本の対アフガニスタン政策についてつぎのように述べている。

アフガニスタンにおいては、はるか前から日本の貿易・軍事使節団がかなり強化されている。(104)

さらに日本の対ペルシャ（イラン）政策については、一九三四年二月一六日のテヘラン駐在ドイツ公使の報告として、以下のように述べている。

テヘランに最近着任した日本武官はコーカサスに関する情報を収集している。また、テヘラン駐在日本公使は、ペルシャ湾上の航空母艦からロシアのバクー油田に対する空爆の可能性を示唆した。(105)

さらに日本の対トルコ政策に関してはつぎのように述べられている。

新聞によれば、日本はトルコ海軍のために一万トン級巡洋艦二隻、駆逐艦四隻、潜水艦四隻などを建造するという。建造の実施のため日本はトルコに四億マルクに相当する借款を与える。対価として日本はアナトリアにおける木綿と果実の栽培に関する巨大な利権を獲得する。(106)

シュテュルプナーゲルによれば、こうした計画に関する視察のため、「田中陸軍中佐がロシア西部国境に隣接するヨーロッパ諸国を旅行し、ヘトマン・スコロパツキーと会談（ウクライナ問題）をもった」。さらに「フィンランドにも日本のエージェントが暗躍している」という。(107)

シュテュルプナーゲルの報告は日本の対アフリカ政策、とくに対エチオピア政策にもおよんでいる。日本はアビシニア〔エチオピア〕で木綿に関する包括的な利権を獲得し、アフリカでの定着を開始した。まずエチオピアの皇族男子が日本の華族女性と結婚する。(108) 新聞はアビシニアにおける日本人の定住計画について驚くべき報道をおこなった。すなわち日本の定住計画は飛行場建設のためだというのである。アビシニアに日本の飛行場が建設されるならば、アデン湾を経由する航路が深刻な脅威を受けることとなろう。(109)

以上に見た日本の対外政策に関するシュテュルプナーゲルの情勢判断には、事実に合致しない誇大妄想的な分析も多く含まれていた。とはいえ、このシュテュルプナーゲルの報告では、ドイツ陸軍が、関東軍をはじめとする日本勢力のユーラシアにおける「西漸」に注目していたことが重要であろう。すなわち彼の判断によれば、日本の関心は、満洲、内蒙古から新疆へ、さらに「ロシア周辺地域」、すなわちアフガニスタン、イラン、トルコへ、さらにはエチオピアへと向けられており、(110) こうした計画のため、「田中陸軍中佐」をはじめ多くの「エージェント」が、フィンランドをはじめ「ロシア西部国境に隣接するヨーロッパ諸国」で暗躍しているというのであった。

しかもその際重要であるのは、ドイツ陸軍・シュテュルプナーゲルが、「深刻な脅威」などの言葉にも見られるように、こうした日本の動きを政治的に好ましいものとして見ていたのではなく、むしろそれを一種の政治的脅威（いわば「日禍西漸」）と受け止めていたことであろう。(111)

しかしながら、ここでやや先回りしていえば、こうした日本勢力の西進は、国防省防諜部長カナーリス（Wilhelm Canaris）によって、政治的脅威としてではなく、むしろ対ソ政策において手を結ぶべき政治傾向として肯定的に認識された。一九三五年一月一日に海軍から国防省防諜部長に転出したカナーリスは、以後、日本との対ソ諜報・謀略上の協力関係形成に向けて駐独日本陸軍武官大島浩との交流を強化していくことになる。

第四章　ルフトハンザ航空・欧亜航空公司と満洲航空株式会社

参謀本部第二部・関東軍参謀部第二課の「西進」政策が想定したのは、「満洲国」から蒙古、寧夏、新疆、アフガニスタン、イラン、トルコ、欧州方面における謀略工作であった。こうした地域は広大な砂漠地帯や高原地帯から形成されており、地域を移動する際の主要な交通手段は、馬ないしラクダであった。第一次世界大戦後の日本陸軍の寧夏・新疆への諜報工作も、当初はキャラバン隊（ラクダ隊）に頼らざるを得なかった。

しかしながら、第一次世界大戦で近代的な武器として初歩的に投入された航空機は、その後急速な発達を遂げ、人および物資の重要な運搬手段となり、さらに将来戦の有力な武器としても重視されるようになった。

参謀本部第二部および関東軍参謀部第二課がこうした航空機の価値を見逃すはずはなかった。彼らは、対ソ戦争勃発の場合、満洲の飛行場からソ連極東地域、とりわけシベリア鉄道やその他の重要産業施設に対し「圧倒的空中爆撃」を敢行してソ連に屈服を迫る戦略を立案するとともに、諜報・謀略工作の主たる対象地域であるロシア・ソ連南部接壌地域に飛行場を備えた特務機関を設置し、そうした拠点間を航空機で連結する計画を推進した。「西進」する参謀本部第二部・関東軍参謀部第二課の諜報・謀略工作は、航空機の利用と分かちがたく結びついていたのである。そのため関東軍は、みずからの主導で一九三二年に満洲航空株式会社を設立し、同社の航空機を軍事目的に利用することとなった。満洲航空は、当初から欧亜航空連絡を主要な目的の一つとする会社であった。

一方ドイツは、一九一九年に締結されたヴェルサイユ条約の制約により空軍の保持を禁止されていたため、ドイツ政府は、民間航空機製造業および民間航空路開発により空軍の欠を埋める戦略をとり、一九二六年にはルフトハンザ航空を設立した。しかもルフトハンザは、たんに国内航空路、ヨーロッパ航空路の充実のみならず、海外航空路、とくに東アジアへの航空路の開発に力を注いでいた。

ここに、「西進」する満洲航空と「東進」するルフトハンザ航空が中央アジアで相いまみえることになった。

一　ルフトハンザ航空と「トランスユーラシア」計画

(1)　ルフトハンザ航空の成立

一九二〇年代前半、ドイツには多くの中小の航空運輸会社が存在した。それらはやがて、ロシア航空路の独露合弁航空会社デルルフト（Deruluft）や南米コロンビアに拠点を置くコンドル（Condor Syndikat）を傘下に収めるアエロ・ロイド（Deutsche Aero-Lloyd）社と、航空機製造をも手掛けるユンカース航空機製造（Junkers Flugzeugwerk AG）という二大航空会社に集約されていった。[112] その後ユンカースは航空運輸事業を分離し、ユンカース航空会社（Junkers Luftverkehrs-AG）を設立したが、三〇万ライヒスマルクの損失を出し、ロシア支社が倒産する事態となった。そこで、アエロ・ロイド社がユンカースの航空輸送事業を合併吸収する形で、一九二六年一月六日、国営のルフトハンザ航空が成立したのである。(113)

ルフトハンザの会社構成上の一つの特徴は、ミルヒ（Erhard Milch）、ヴロンスキー（Martin Wronsky）、クナウス（Robert Knauss）、ガーブレンツ（Carl August Freiherr von Gablenz）らに代表されるように、第一次世界大戦時に航空戦力の形成に寄与し、またみずから航空戦に参加さえした多くの旧軍人が幹部として存在していたことである。

ミルヒは第一次世界大戦中、航空部隊に転属され、戦争末期には第六航空師団の司令官に就任した。ドイツ敗戦後、非正規軍である航空志願兵部隊の隊長となったが、同部隊が解体されたあと、ユンカース（Hugo Junkers）によって設立されたダンツィヒ航空運輸会社（Danziger Luftreederei）に勤務した。その後ルフトハンザが設立されると、理事兼技術部長に就任し、ドイツ航空運輸事業の発展に精力を集中することとなる。(114)ヴロンスキーは第一次世界大戦においてフランドルの飛行中隊を指揮し、敗戦後はベルリンに設立されたドイツ航空運輸会社（Deutsche Luftreederei）の航空部長に就任した。彼が運営したヴァイマール憲法制定会議への航空輸送業務は、ドイツ航空旅客運輸の濫觴といわれている。一九二三年にはエアロ・ロイドの理事に就任し、その後ルフトハンザが設立されると、同じくアエロ・ロイド出身のメルケル（Otto J. Merkel）、ユンカース出身のミルヒとともに、三人の創立理事の一人となった。[115] クナウスは第一次世界大戦中、航空偵察兵として活動し、戦後はベルリン大学で法学・経済学を学び、博士号を取得した。その後ルフトハンザに入社、やがて理事に就任する。一九三三年には、航空省次官に転出したミルヒを通じて、都市に対する戦略爆撃の構想を航空大臣ゲーリング（Hermann Göring）に提案した。[116] ガーブレンツは第一次世界大戦末期に第七爆撃飛行編隊の副官として勤務し、戦後はドイツ航空運輸会社の操縦士となった。その後ユンカースに入社、技術部門で功績をあげ、ルフトハンザが成立すると、航空運輸部長の重責を担い、ミルヒ技術担当理事の下で、とりわけ近代的な夜間飛行・計器飛行およびその教育訓練プログラムの基礎を築いた。[117] 以上のような人事上の性格は、ルフトハンザに軍事的な性格を付与することとなった。

(2) ルフトハンザ航空の東アジア進出計画

ルフトハンザは、設立当初よりヨーロッパ外への航空路創設に積極的であった。しかも、ルフトハンザの海外航空路への関心のうち、もっとも重要な部分を占めたのは、東アジアへの航空路開発であった。一九二八年一月にミルヒとクナウスはドイツ外務省のディルクセン（Herbert von Dirksen）と会談した。彼らによれば、ルフトハンザにとって問題となるのは北米、南米、東アジアという三地域への航空路拡大のみであるが、その中でも「東アジアがもっとも重要」というのであった。[118]

ルフトハンザ航空会社内では、東アジア航空路として三つのルートが検討された。第一は、南アジアを経由するルートで、カラチ・カルカッタ・広州・南京をつなごうというものである。しかしながらこのルートは、そもそも英仏やオランダが帝国をつなぐルートとして開拓しており、競争が激しいうえ、全行程は一万四〇〇〇キロにわたるため（当時の見積で約一二日間を要した）、政治的・経済的に多くの困難が存在した。第二は、中央アジアを経由するルートで、イラン・アフガニスタンを経由して新疆で中国に接続するというものであった。このルートは、気象学的には安定した条件のもとにあり、しかも全行程は一万一〇〇〇キロで、南回りよりも有利であった。しかしながらこのルートでは、地上設備がまったく整備されていないのが大きなネックであり、そのうえ中央アジアの山岳地帯を高々度で飛行しなければならないという最大の技術的困難が存在した。第三はシベリアルート、とりわけ外モンゴルを経由するルートで、全行程は約九〇〇〇キロと短いうえ、高山地帯もなく、気候も安定しているため、定期航空運輸に適合的であると判断された。しかもこのルートに沿ってシベリア鉄道と付属施設が広範にわたって存在し、ソ連による定期運行の実績もあるため、ルート開発上非常に有利であるとされた(119)。結局、東アジアへのルートではソ連経由がもっとも実現可能性のあるものと判断され、ドイツは、このルートに「トランスユーラシア」という名称を付けて計画を推進することになったのである。

このルートは、さらに、いくつかの区間に分けて検討された。第一の区間はベルリン―モスクワである。この区間は、すでに一九二三年よりデルルフトにより独ソ共同で運行されているうえ、ベルリン―ケーニヒスベルク間は夜間飛行さえ実現されていた。第二はモスクワから中ソ国境までである。このうちモスクワ―イルクーツク間はすでにソ連の航空運輸会社ドブロリョート（Dobrolet、アエロフロートの前身）により定期運行がおこなわれていた。ルフトハンザ内では、このドブロリョートとの合弁が望ましいとされ、しかもそれは独ソ航空業界の密接な関係を踏まえれば政治的にも可能と判断された。第三の区間、すなわち中ソ国境から上海までは、中国政府の承認を（あるいは少なくとも東北の支配者すなわち張作霖の承認を）求め、中独合弁の航空運輸会社を設立して運行すべきだとされた。[120] さらに第四の区間として、中国と日本の間の航空路が考えられたが、この航空路は日本の航空会社が単独で運行するか、あるいは日本の航空会社と中独合弁会社の協力により（すなわち日独中三国の協力により）実現されるべきであるとされた。[121]

こうしたトランスユーラシア計画を推進するため、ルフトハンザにより試験飛行が試みられ、一九二六年七月二四日、クナウス指揮下のユンカースG二四型機が中国へ向けて出発し、八月三〇日に北京に到着した。トランスユーラシア航路が航空技術的には実現可能であることが証明されたのである。ただし、中国国内の戦乱（一九二六年七月一日「北伐」開始）のため、当初の目的であった上海への飛行は中止し、九月二六日、同機はベルリンへ帰還した。[122] 中国部分には政治情勢の変動という不安定要因が残されていた。

二　「トランスユーラシア計画」の挫折と欧亜航空公司

(1)　トランスユーラシア計画の隘路

トランスユーラシア計画にはドイツ政府の強い支援が存在した。一九二七年一〇月六日、ドイツ外務省は「ルフトハンザのトランスユーラシア・プロジェクトに関するメモ」を起草し、東アジアへの定期航空路建設に関するドイツ政府の立場を定式化した。それによればドイツ政府は、「シベリアを経由し東アジアへ向かう定期航空路の設立」に「疑いもない関心」を有しており、しかもそれはたんにソ連の東端（満洲里ないしウラジヴォストーク）に到達すればよいというのではなく、「北京へ、上海へ、東京へ、すくなくとも奉天へ」向かうべきであり、そこで中国ないし日本の航空路と接合すべきであるというのであった[123]。

ただし、計画の進め方については、ドイツ政府内部でもさまざまな議論がなされた。外務省は、中国東北の支配者張作霖の許可を得るためにも、トランスユーラシア計画に日本を含めることを提案した。日本の政治的圧力により張作霖から同意を引き出そうというのである[124]。しかしながら、ルフトハンザで交渉を担当していたミルヒとヴロンスキーは、これに断固として反対した。彼らによれば、ウラジヴォストークから日本へは日本海を八〇〇キロ横切らなければならない（すなわち、不時着ができない）し、そもそも日ソ関係は良好とはいえないので、日本と交渉すれば、ソ連との関係に悪影響をおよぼすというのであった[125]。ナチスによる権力掌握前のルフトハンザは、ソ連との協調を重視していた。

逆に、中国駐在ドイツ公使ボルヒ（Herbert von Borch）は、ソ連政府との協力に懐疑的であった。一九二八年五月、トランスユーラシア計画に関する交渉のため中国に派遣されていたルフトハンザ中国代表シュミット（Wilhelm Schmidt）と会談したボルヒは、「ルフトハンザはまず中国で独自の航路を開拓すべきではないか」との意見を提出したのである。ボルヒによれば、中国航路は、将来のトラ

図 18　欧亜航空公司の飛行機（Karl Morgenstern/Dietmar Plath, *Eurasia Aviation Corporation. Junkers & Lufthansa in China 1931–1943,* München: Gara-Mond Verlag 2006）

ンスユーラシア全航路への接続を見据えつつも、さしあたり中国内部での航空路実現を考えるべきであった。これに対しシュミットも「大きな関心」を示した。(126)

しかしながら、トランスユーラシア計画に関する肝心のルフトハンザとソ連政府の交渉は難航した。その原因の第一は、ソ連政府がヴロンスキーに対しさまざまな要求をつきつけ、交渉の遅延を計ったことである。その中には、デルルフトの本社をモスクワに移転せよとの難題さえ含まれていた。(127)こうした態度の裏には、ドブロリョートが既存のモスクワ―イルクーツク線を延長し、バイカル湖地方および満洲里を越えてウラジヴォストークを目指す計画を進めており、ルフトハンザとの競合を忌避したためだともいわれている。(128)第二は、とりわけ世界経済恐慌発生後の財政状況の悪化によりドイツ財務省が計画に難色を示したほか、一時は交通省さえ消極姿勢を示したことである。そのため、ドイツ政府内部では、中国政府との交渉を優先させ、

図 19　欧亜航空公司上海空港ビル（Karl Morgenstern/Dietmar Plath, *Eurasia Aviation Corporation. Junkers & Lufthansa in China 1931-1943*, München: GaraMond Verlag 2006）

ソ連政府との交渉は後回しにすることが決定された。[129]

中国では、すでに見たように、一九二八年にルフトハンザ代表として赴任していたシュミットが中国国民政府との交渉を開始していた。交渉は、結局、中国政府交通部とシュミットの間で一九三〇年初頭にまとまり、同年二月二一日に契約が調印され、同年九月一九日に中国政府により批准された。[130]この契約により、中国籍の航空運輸会社欧亜航空公司（Eurasia Aviation Corporation）が設立されたのである。この会社の「目的」は、中国事業を「予定された欧亜間航空運輸事業全体の一部分として編入する」こととされた。こうして、「ベルリン―上海」間を想定したトランスユーラシア計画からロシア部分が先送りされ、ルフトハンザはさしあたり中国部分のみの実現を目指すこととなった。

⑵　欧亜航空公司の成立

翌一九三一年二月一日、中国籍の欧亜航空公司が設立され、社長に交通部次長韋以黻が就任し、ルフトハンザからはシュミットが技術担当理事として経営に参画することとなった。

中国側の資本提供は三分の二、ルフトハンザは三分の一とされ、ルフトハンザのそれはすべて「現物」、すなわちドイツ製の飛行機と部品により提供されることとなった。本社は南京に、技術センターは上海に置かれ、さしあたり郵便運輸事業を主たる業務とした(131)。中国ではすでに、初の国内民間航空運輸会社として、中国政府とアメリカのカーチス・ライト社（Curtiss-Wright Corporation）との合弁で中国航空公司（CNAC）が設立されていた。欧亜航空公司は中国第二の航空運輸会社となったのである。

欧亜航空公司のトランスユーラシア構想を根本的に揺るがせたのは、会社創立の半年後に勃発した満洲事変と、一九三二年三月の「満洲国」の成立であった。欧亜航空公司の欧亜連絡路線としては、すでに見たように、もともと中国東北を経由する航空路が有力と考えられ、試験飛行もおこなわれていた。しかしながら、「満洲国」成立以降は東北経由の方針に困難が生じた。中国政府は、中国籍の欧亜航空公司の飛行機を「満洲国」に運行させるわけにはいかなかったのである(132)。

こうしてルフトハンザと欧亜航空公司は、「満洲国」を回避するルートを模索せざるを得なくなった。第一に検討されたのは、シベリア―外モンゴル（モンゴル人民共和国）ルートである。一九三一年一二月一〇日、モスクワで交渉していたミルヒとヴロンスキーは、モスクワ駐在モンゴル人民共和国大使館に対し、東部外モンゴル上空での飛行許可を与えるよう求めた(133)。しかしながら、当時中国政府は、外モンゴルは中国の主権下にあるとの立場を取っていたため、「満洲国」上空の飛行を許可しないのと同様に、ルフトハンザの構想する外モンゴルルートにも難色を示した。

そこで第二に有力な選択肢にあがったのは、新疆から直接ソ連領に入るルートである。一九三一年一二月二二日のトラウトマン（Oskar Trautmann）駐華公使の報告によれば、中国政府は「自国領土を最大限飛行する中国―ヨーロッパルート」、すなわち新疆からソ連に入るルートの実現を欲しているという。シュミットによれば、新疆を経由した飛行ルートは、砂漠の上空を飛ぶため、奥地に飛行場を作り、ラクダ隊でガソリンを運ぶ必要があったが、中央政府の要請を受けた新疆省はガソリンを準備し、すでにウルムチに運んだという。また、新疆省政府との交渉のため、シュミット自身が、試験飛行の意味も込めてウルムチに向かった[134]。

三　満洲航空株式会社の成立

(1)「満洲国」の成立と満洲航空株式会社

一九三二年九月一五日、日本は日満議定書に調印し、「満洲国」を承認した。一〇日後の九月二五日、日満議定書の交換公文にしたがって、日本航空大連支所を基礎に、満洲航空株式会社が成立した。社長には鄭垂（「満洲国」国務総理鄭孝胥の息子）、副社長には児玉常雄がそれぞれ就任した。同社の事業目的は、㈠旅客・郵便物またはその他の貨物の航空運送、㈡航空機の製造および修理、㈢その他の事業であった[135]。満洲航空は、日本陸軍がはっきりと「帝国国防上の要求に吻合せしむる」ものと述べていたように、初発から軍事的な色彩を帯びていた[136]。

図20　児玉常雄（満洲航空史話編集委員会編『満洲航空史話』私家版，1972年）

この会社の軍事的性格を考える場合、なによりも初代副社長児玉常雄の存在と指導を無視して考えるわけにはいかない。児玉は、一八八四年三月、児玉源太郎の四男として生まれ、陸軍士官学校を卒業後、陸軍から派遣されて東京帝国大学工学部機械工学科に入学した。第一次世界大戦では青島戦争に参加し、四年後にはシベリア出兵にも加わっている。戦後はドイツに調査員として派遣され、帰国後、陸軍省軍務局航空課員、臨時航空委員会幹事などを歴任した。一九二〇年には陸軍航空部付兼務で航空局第一課員となり、航空分野での児玉の活動が本格化した。航空局が陸軍省から逓信省に移管されると児玉もその第二課長に就任し、日本航空輸送株式会社の創設にも尽力した。満洲航空の立ち上げについては、当然のことながら、関東軍の首脳部と児玉との緊密な協議がおこなわれた(137)。

児玉の航空運輸思想には、ドイツ、とりわけルフトハンザの影響がみられる。たとえば児玉は、一九二八年正月、つぎのように記している。

ドイツはヴェルサイユ条約の結果空軍を有することを禁ぜられているが、空軍なしに将来の戦争は到底勝算の見込が立たない、ゆえに各国が空軍に最良の航空機を配備せるに対抗して、ドイツでは民間航空に全力を傾けている、換言すればドイツにおける民間航空事業は即ちドイツの空軍なのであり、民間航空事業の発達を国外に延長することは即ちドイツ空軍の勢力を国外に発展せしむることになるのである。[138]

児玉の観点からいえば、ルフトハンザの東アジア進出は、すなわち「ドイツ空軍の勢力」の東アジア進出を意味していたのである。

さらに、満洲航空は、当初から二つの国際連絡を目指していた。一つは華北さらには中国全土への航路拡張である。第二は、欧州（とりわけベルリン）との国際連絡である。たとえば陸軍省は、一九三二年八月七日、「支那本部に対する航空権の獲得の準備および欧亜連絡航空路の完成等、帝国航空政策の遂行に資する」ため、いずれ満洲航空の資金および技術を利用して「北支航空会社を設立し、以て我が航空勢力対支進出の根基確立を期す」とされていた。[139] こうして、満洲航空の先には、さらに㈠「欧亜連絡航路の完成」と、㈡「北支航空会社の設立」が予定されていたのである。

(2)　満洲航空の軍事化

満洲航空は、ルフトハンザが「ドイツ空軍」と同義であるように、当初から「関東軍の空軍」としての軍民転用を意識した会社であった。元社員の樋口正治は、満洲航空の軍事化につき、つぎのように語っている。

満洲航空は、時の社長児玉常雄氏の慧眼に基づき、昭和七年一〇月創設当初から、いつでもたちどころに軍事航空に転換し得る仕組みになっていた。[140]

操縦士・機関士はその多くが所沢の陸軍飛行学校で教育を受け、陸軍航空部隊で訓練された下士官らであった。さらに満洲航空は、関東軍の委託の下、実際に軍事定期航路を設立しており、創立一年後の一九三三年の段階ですでに新京―ハルビン線、奉天―錦州線、錦州―承徳線など六線の軍事定期航路が開設されていた。(141)

満洲航空はまた、前記「事業目的」にもあるように、航空機の製造・修理部門を有していた。この部門は一九三八年に「満洲飛行機株式会社」として独立し、民間および軍用の飛行機の生産にも乗り出すことになる。当初は中島飛行機などのライセンス生産を担ったが、のちには独自設計の戦闘機なども生産するようになる。(142)満洲航空は、日本から「満洲国」への武器移転をも担っていた。

満洲航空機の武装化は、元社員河井田義匡によれば、つぎのようにおこなわれた。まず、同社の主たる運用機である「スーパーユニバーサル機」(中島飛行機のライセンス生産)については、「爆撃装備、爆弾懸架を直ちに装着し得る如く構造しあり、即ち爆弾を装着する懸吊架の幅は機胴体の幅と同じくし、その外端に各耳をつけ両者を噛み合せピンにて結合す」とし、その作業は「極めて簡単」であったと述べている。ユンカース機については、「ドイツに注文するに当たり直ちに懸吊架を装着し得るよう設計しあり、飛行機の受領と同時に受領せり、武装品は常時飛行機の部品として保管してある」というのであった。ユンカース機は、「旅客機」とはいうものの、当初から武器として発注されていたわけである。(143)

さらに特筆すべきは、満洲航空機がしばしば実際の戦闘に参加したことである。たとえば一九三三年二月に発動された「熱河作戦」では満洲航空が「空中輸送隊」を編成し、関東軍の指揮下に入った。前述の樋口はつぎのように述べている。

この輸送隊の任務は、連山〔現遼寧省葫芦島市〕に位置し、錦州の兵站司令部から兵器、弾薬、被服、糧食等を受けとって連山飛行場に運送し、熱河省承徳に向って進撃する関東軍作戦部隊に航空輸送補給を行なうにあった。〔中略〕飛行場勤務員は、関東軍から借り受けた自衛用三八式歩兵銃で装備され、庶務班はピストルを持ち、奉天飛行場の格納庫内に整列した輸送隊は、軍属部隊とはいいながら、あっぱれりりしくも雄々しき晴れ姿であった。(144)

このように満洲航空は（日本陸軍の当時の言葉を借りれば）初発より「第二線航空威力」という性格を強く有していたのである。(145)

四　中央アジアルート案の浮上とルフトハンザ・満洲航空の接近

(1)　ルフトハンザにおける中央アジアルート案の浮上

すでに見たように、ルフトハンザ・欧亜航空公司では、満洲事変の勃発と「満洲国」の成立以降、「満洲国」を通過するルート、外モンゴルを通過するルートがいずれも中国政府によって否定されると、新疆から直接ソヴィエト領トルキスタンに入るルートが有力視されることになった。ヴロンスキーやガーブレンツはそのためソ連との交渉を継続し、さらに中国ではシュミットが新疆に赴いて交渉を継続したが、結果ははかばかしいものではなかった。難航した理由の第一は、もちろん、満洲事変勃発以降の東アジアにおけるソ連の政治的・軍事的警戒心の高揚であった。ソ連共産党機関紙『プラウダ』は、一九三四年三月二九日、欧亜航空公司の計画は「日本帝国主義と緊密に結びついている」との論評まで掲載した(146)。理由の第二は、一九三三年一月三〇日のナチスによる権力掌握と、その後の独ソ関係の悪化である。デルルフトを通じて独ソ両国の航空界は友好的な関係を築いていたが、ナチスの権力掌握はこうした雰囲気を破壊したのである。ミルヒの航空省次官就任は、ルフトハンザ航空のナチス化を象徴するものであった。第三は、新疆地方の政治環境の変化である。当時新疆ではソ連が政治的影響力を増大させ、新疆の実力者盛世才との関係を深めていた(147)。交渉の中でのソ連の主張によれば、ソ連がもし新疆ルートを認めると、盛世才がソ連と欧亜航空公司の関係に「あらぬ疑い」をかける恐れがあるというのであった(148)。こうしてソ連は、一九三四年八月、ルフトハンザに対し、欧亜航空公司の新疆経由ソ連乗り入れを拒否した(149)。

このような状況は、その後も改善せず、むしろ悪化していった。一九三五年八月二四日付のルフトハンザ中国代表者シュタルケ（Starke）の北京駐在ドイツ公使館宛て報告は、ソ連経由で欧亜をつなぐ計画について、厳しい状況を明らかにしている。

新疆への運行を近い将来再開できるかどうかは、非常に疑わしい。新疆省主席〔李溶、実権は盛世才〕は七月に、〔欧亜航空公司の新疆経由ソ連乗り入れに関する〕南京政府からの二度にわたる電報にようやく返電したが、予期されたように、拒否回答であった。

シュタルケによれば、「いずれにせよ北部ルートの見込みはほとんど期待できない」というのであった。(150)

ルフトハンザは、こうした状況から、英仏の南回りルートへの接続も考慮せざるを得なかった。しかし、広州からラングーンをつなぐ航空連絡は技術的な困難が大きく、また、ハノイ—パリ線に接続するには「政治的な困難が立ちはだかっている」と判断された。さらに、そもそも南京政府は中国領上空における外国航空会社への入航権および飛行権の供与を基本的に拒否していた。(151)

こうして欧亜航空公司は、欧亜航空連絡計画に関し、一九三五年ごろには八方塞がりの状況に追い込まれた。そこに新たなルートが唯一可能なものとして浮上した。すなわちソ連を通過しない新疆ルート、すなわち新疆からアフガニスタン、イランへと向かう中央アジアルートである。(152)好都合なことに、すでにルフトハンザは、一九三六年までに、「トランスユーラシア計画」とは別に、ベルリンからロードス島（当時イタリア領）、イランを経てアフガニスタンのカーブルを終着点とするアフガニスタン線を計画していた。

ただし中央アジアルートは、すでに見たように、航空技術的に多くの困難を抱えていた。第一に、このルートを飛行するには、長距離・高々度を飛行できる高性能の最新鋭機が必要であった。このためルフトハンザ・欧亜航空公司は、一九三四年春、中国で最新鋭の三発機ユンカース五二型機の宣伝を開始した。同年九月には、ガーブレンツ自身が同型機を操縦して中国に到着し、上海・北京・天津・青島をデモ飛行して大いに注目を浴びた。(153)ルフトハンザには高性能機を中国に売り込む必要があったのである。第二に、このルートを達成するには、ゴビ砂漠・タクラマカン砂漠の各所に飛行場を設け、さらに飛行機用ガソリンをラクダ隊で輸送する必要があった。

(2) 満洲航空における中央アジアルート案の浮上と「圧倒的空中爆撃」論

一方このころ、すでに見たように、関東軍は、「満洲国」から西進し、内蒙古自治運動指導者ドムチョクドンロプ（徳王）を支援してあらたに傀儡政権「蒙古国」を設立する構想を進めていた。さらに関東軍は、内蒙古を拠点に航空機を使って綏遠《すいえん》・寧夏・新疆からアフガニスタンを経由し、ヨーロッパへとつなぐ「防共線」の実現まで構想していた。[154]しかも関東軍・満洲航空は、将来日ソ戦が勃発した場合、こうした「防共線」から満洲航空（ないしその「義勇軍」）の飛行機を使ってソ連領内、とりわけシベリア鉄道を爆撃する計画さえ推進していた。

こうした工作のため一九三四年春ごろから関東軍の特務機関員がシリンゴル（錫林郭勒）盟や蒙政会（内モンゴル自治運動）所在地である百霊廟をしばしば訪問していた。

一九三五年に入ると、西スニト旗（徳王の本拠地）に常設の特務機関が開設された。同年五月末には関東軍参謀部第二課の田中隆吉少佐が西スニト旗に飛来して徳王に「蒙古国」建設を教唆し、同年九月一八日には関東軍参謀副長板垣征四郎が第二課長河辺虎四郎、田中隆吉らを引き連れて西ウジュムチン（西烏珠穆沁）旗を訪問し、徳王らと協議した。[155]

板垣は、翌三六年八月にも第二課長武藤章および副官を引き連れて徳化（徳王）、百霊廟（雲王）を訪問し、その後包頭で満洲航空重役武宮豊次らと合流、さらに沙王府（沙王）、定遠営（達王）を訪ね

図21　定遠営に到着した板垣（森久男『日本陸軍と内蒙工作』講談社、2009年）

ている。その目的には、蒙古諸王との「親善」および各特務機関に対する指導のほか、「欧亜直通航空の中継点偵察」も含まれていた。板垣一行はまたオチナ（額済納）に先遣隊を派遣し、視察させていた[156]。板垣の副官であった泉可畏翁《かきおう》によれば、板垣の出張の成果は「一つは欧亜直通航空の最良の中継点が発見されたこと、今一つは日ソ開戦の場合、シベリア鉄道を側面から脅威する絶好の爆撃基地が見つかった」ことであった[157]。ふたつは、いずれもオチナを指していた。

関東軍は、このように、ソ連辺境部に隣接する地点に特務機関および爆撃基地の設置を目指していたが、日ソ戦争勃発の場合、そこからの空爆はどの程度効果があると考えられていたのであろうか。一九三六年一〇月より欧州を視察していた日本陸軍の視察団は、極東ソ連軍への

図22　徳王（ドムチョクドンロプ〈森久男訳〉『徳王自伝』岩波書店，1994年）

空爆の効果について、以下のように判断していた。[158]

西欧列強の如く、その国家組織鞏固にして国民の対敵国戦争意識強烈なる国においては、空中爆撃によりその戦争意志を挫折し戦争を終局に導くことは容易ならずといえども、蘇邦の如く其の政権と国民との結合弱く、殊に長遠なる連絡線を隔て資源貧弱の地に戦わざるべからざる極東軍に対しては、開戦初頭空軍の行う圧倒的空中爆撃に依り之に内部崩壊を起し、速に戦争を終局に導き得るの公算尠しとせず、伊国の「エチオピア」遠征は之が一面の真理を開示しあり。

すなわちイタリアのエチオピア侵略（一九三五年一〇月—一九三六年五月）を例として、開戦初頭での航空機を使った「圧倒的空中爆撃」によりソ連の内部崩壊を引き起こし、戦争を終結に導くことが可能であると考えられていたのである[159]。その際「満洲国」やソ連邦南部接壌地域からの「圧倒的空中爆撃」を担うと想定されたのは、関東軍の空軍＝満洲航空の航空機であった。しかも日本参謀本部（石井秋穂大尉）は、一九三六年春、日本駐在ドイツ陸軍武官代理ショル（Ervin Scholl）中佐に対し、日ソ戦争が勃発した場合、「初期の空中爆撃によりソ連空軍の基地とシベリア鉄道の重要部分を破壊する」との日本参謀本部の計画を説明していたのである。[160]

(3)　新疆・アフガニスタンの戦略的重要性の増大

しかしながら、アフガニスタン＝中国国境と甘粛省のオチナとの間には、まだ広大な新疆省が広がっていた。「欧亜直通航空の中継点」として、さらに新疆省に特務機関を置くことが必要となったが、すでに述べたように、当時新疆省には顧問や財政援助、貿易などを通じてソ連の影響力が拡大しており、しかも新疆省督軍の盛世才自身がマルクスやレーニンを学習して「共産主義者」を自任し、みずからスターリンに長文の書簡をしたためてソヴィエト共産党への入党を求める有様であった。[161]盛世才政権の防諜体制は堅固で、そのため、関東軍は、いきなり新疆に特務機関を置くことはできなかった。そこで、関東軍は、新疆情報収集のためさまざまな方策を講じた。たとえば板垣征四郎は、プラタープと共に「満洲国」でインド独立運動をおこなっていたナイル（Ayappan P. Madhavan Nair）をオチナへ派

図23　ナイルの「壮行会」（A・M・ナイル『知られざるインド独立闘争』風濤社、2008年）
中央が田中隆吉、左下がナイル

遣した。さらにナイルは、ラクダに乗ってオチナから新疆のハミとウルムチを目指したが、ハミまで到達したときに「山賊」に遭遇し、やむなく有り金すべてを渡してオチナへと戻っている。ナイル自身は、新疆からアフガニスタンと連絡してインドのイギリス軍を攻撃する可能性を探るつもりであった[162]。

一九三五年三月に陸軍省新聞班が発行した『外蒙及新疆の近況』は、以上のような陸軍の関心を表明したものであった。その際この報告が「独系たる欧亜航空公司の上海、新疆、欧州の欧亜連絡飛行は行き悩みの状態である」と述べていたように、日本陸軍の新疆への関心は欧亜航空連絡への関心と重なっていた[163]。

一方、外務省出先には関東軍および満洲航空に近い考えを持つ者もいた。たとえば一九三五年六月一日、北田正元アフガニスタン駐在公使は、新疆に関し、「有事の際わが国をして容易に「トムスク」州方面にて西比利亜鉄道を中断攪乱し得る」手段を提供すると述べ、ソヴィエト南部国境接壌地域(北田自身はこれをのちに「回教防共線」と名付けた)から航空機を使ってシベリア鉄道を攻撃するという関東軍や満洲航空の構想を支持していた[164]。外務省本省は、北田らの報告を通じて、欧亜航空連絡における新疆情報の重要性を認識し、アフガニスタンの日本公使館を拠点として新疆情報の収集に努めた。北田公使は、アフガニスタンと新疆の間での人的往来を利用して、アフガニスタン人の間諜を雇い、新疆に放ち、大量の新疆情報を入手し、本省に送った[165]。こうしてアフガニスタンは、欧亜航空連絡の結節点になるとともに、新疆情報収集の重要拠点ともなった。日本外交においてアフガニスタンの戦略的重要性がかつてなく高まったのである。

しかしながら、すでに述べたような新疆の政治状況から、関東軍および満洲航空でさえ、単独で欧亜航空連絡を実現できるとは考えていなかった。すなわち彼らは、中央アジアルートの実現のためには、華北および西北地域にすでに地上設備を有し、同地域への飛行経験も積んでいた中国籍の欧亜航空公司、および当時すでにベルリンからカーブルまでの定期航路を計画していたルフトハンザの協力が不可欠と考えたのである。

(4)　ルフトハンザと満洲航空の接近

関東軍・満洲航空とルフトハンザ・欧亜航空公司の間での秘密の交渉を仲介し、日独の両航空会社の提携を目指したのは、ドイツ航空産業全国連盟（Reichsverband der deutschen Luftfahrtindustrie）東アジア代表カウマン（Gottfried Kaumann）であった(166)。同全国連盟は、文字通りドイツ航空産業を代表し、海外においてはドイツ航空機の販路を拡大することを目的とした業界団体であるが、中国においては、基本的にルフトハンザおよび欧亜航空公司と利害をともにしていたといってよい(167)。すでに見たように、満洲航空は、(一)中国本土への航空路拡大、(二)欧亜航空連絡を目指していたが、まさしく満洲航空にとってルフトハンザおよび欧亜航空公司はうってつけのパートナーであった。

カウマンは一九三五年夏、東京駐在ドイツ陸軍武官オットから参謀本部第二部ドイツ課の馬奈木敬信《まなきたかのぶ》少佐を紹介された。馬奈木は、その機会に、華北と「満洲国」の間の航空連絡に欧亜航空公司を関与させる可能性について打診し、カウマンは、一九三五年九月一三日付で「航空における両国（「満洲国」と中国）の平和的協力」と題する覚書を作成した。[168] こうして、関東軍・満洲航空と欧亜航空公司との協力に関する議論は、欧亜航空連絡よりも前に、まず「満洲国」と華北間の航空連絡をめぐって始まった。

カウマンは覚書を持って新京を訪れ、関東軍参謀部で板垣征四郎および二人の参謀部員に「友好的に接受」されたが、その席で板垣は、「われわれは、〔中国と〕なにか平和愛好的な関係に入ろうと考えているわけではない」と述べ、さらに「満洲と長江以北の華北はわれわれのものだ」「われわれは南京政府の生存可能性は三年もないだろうと見ている」と言い放ったのである。板垣は、それを前提とした上で「いずれにせよ過渡期においては、貴殿が覚書で提案した中間的解決に同意する」と述べ、欧亜航空公司関係者と協議するようカウマンに依頼した。カウマンはこうして欧亜航空公司との協力に関する関東軍の意欲を確認し、「ドイツ産業の輸出可能性のほかに、欧亜航空公司の生存の拡大も見込める。日本の補助金をも期待できる」とほくそ笑んだ。[169]

カウマンはその足で北平へと向かい、一九三五年一〇月五日、北平駐在ドイツ総領事館のビダー（Hans Bidder）同席のもと、中国駐在ルフトハンザ代表シュタルケと会談した。そこでは、カウマンの覚書に基づき、「華北—満洲国間の航空連絡に欧亜航空公司が参加する問題」が議論された。その議論では、しかし、シュタルケおよびビダーの反論に基づき、「参加はドイツの利益の観点から望ましい」が、中華民国交通部が欧亜航空公司の満洲への路線拡大に難色を示していることを考慮しなければならず、その調整は「将来の日中間の交渉に委ねられなければならない」とされたのである。[170] ルフトハンザおよび欧亜航空公司は、こうして、日中間の複雑な政治問題に巻き込まれることとなった。
その後カウマンはふたたび新京に戻り、さらにベルリンへの帰途に就いた。一方板垣征四郎は、一九三五年末、つぎは欧亜航空連絡のため、満洲航空の永淵三郎をドイツに派遣した。欧亜航空連絡の交渉の場所は、こうしてベルリンに移された。[171]
一方ベルリンでも、日本陸軍武官大島浩が、ヨーロッパ（ドイツ）と東アジア（日本・「満洲国」）をつなぐ航空ルート開拓の重要性について強く認識していた。大島は満洲事変勃発以来参謀本部で事変処理にかかわり、さらに一九三四年三月に駐独陸軍武官に任命される直前に「満洲国」を訪問し、みずからの眼で現地の情勢を視察していた（このときに大島が関東軍幹部や満洲航空幹部らと立ち入った議論をおこなった可能性は極めて高い）。そうした情報をもとに、一九三五年二月七日、大島はベルリンの独日協会で講演し、「満洲国」における航空情勢についてつぎのように述べていた。[172]
満洲国建国以来、航空運輸網は強力に発展せしめられました。大気の状態や地上の状態はとりわけ良好であります。もちろん満洲国における航空運輸の現状はヨーロッパ諸国のそれと同列に論じるわけにはいきません。こんにち航空路は約三〇〇〇キロですが、地表部分との関係でいえば、まだまだ非常に短いと考えなければなりません。しかし現在ここでも進展が見られます。
目下モスクワとバイカル湖西方のイルクーツクの間ではロシアの航空路が、また東京と大連の間では日本の航空路が操業中ですが、この二つの路線を結合すれば、ヨーロッパと東アジアの航空路が結びつくことになります。それは満洲国と日本の国民の切なる願いなのです。

ここでは、聴衆（独日協会会員。多くは文民）の性格を考え、ソ連の航空路との連絡も含めた穏やかな連絡形態が前提とされていたが、それでも日本・「満洲国」とヨーロッパ、とりわけドイツとの航空連絡に関する大島の熱意をうかがい知ることができよう。約一年半ののち、大島は、ソ連との連絡を回避する（より正確には、ソ連を仮想敵とする）新しい航空路の開設構想に取り憑かれることになる。

一九三六年一月二四日にベルリンで満洲航空（永淵ら二人）、ルフトハンザ（ヴロンスキーら二人）、ドイツ航空産業全国連盟（カウマンら二人）の会議が開催され、大島浩がドイツ駐在日本陸軍武官として立ち会った。日本側は、この席で、ルフトハンザ・欧亜航空公司と日本の航空界がドイツと東アジアの航空連絡にあたるべきであると主張し、さらにルートとしては、中央アジア経由、すなわちアフガニスタン、「東トルキスタン」（新疆）を越えて日本に向かう航空路が議論された。しかしながらこの席でルフトハンザ側は、「あらかじめ中国の賛同のない限り、東アジアにおけるいままでの航空政策的な方針を変更することはできない」と主張したのである。(173)

このようにルフトハンザは中央アジアルートに難色を示したが、それでも一応同ルートの航空技術的な検討を開始した。一九三六年七月八日には、気象観測所開設にあたる専門家を乗せたルフトハンザ機がカーブルに到着した。アフガニスタン政府は、気象観測には同意したが、ルフトハンザのワハーン回廊越えに難色を示し、狭隘な国境地域では「ソヴィエト側から射撃を受ける可能性」さえあると指摘した。(174)

ドイツ外務省本省もこの計画に対して大きな懸念を示した。彼らによれば、そのような航空路の設立には、大きな地理学的・航空技術的な困難以外にも、非常に大きな政治的障害が待ち受けており、しかも「この障害を克服することができるか否かはまったく見通せない」というのであった(175)。経由地のトルコは領域内での外国航空路の実現に道を閉ざしており、ギリシアもドイツの航空にさまざまな条件をつけており、イランやアフガニスタンの態度も明らかではない。新疆は名目上中国中央政府に従属しているが、現実には多くの顧問を通じてソ連が大きな政治的・経済的影響力を発揮している。さらにアフガニスタン＝中国国境から甘粛省までは一八〇〇キロもあるということを考慮しなければならない。偶発事故はいつでも起こりうる。「なんらかの不時着を余儀なくされる場合、飛行機の乗員は当該地域の住民および権力者の恣意に身をゆだねざるを得ないだろう。ドイツ政府は彼らに救助を与えることができない(176)」。ドイツ外務省の憂慮は大きかった。

さらに、中国現地でもトラウトマン公使がこの計画に「深刻な疑念」を表明し、また欧亜航空公司のシュタルケもその意見に「完全に同意」していた。トラウトマンも指摘するように、日本との交渉にあたっていたカウマンが「ドイツ航空機の販路を促進するためにあらゆる可能性を追求」しており、そのことが政治的には大きな困難をもたらしたのである(177)。

第五章　「華北分離工作」と「防共外交」

一九三一年九月一八日に始まる「満洲事変」は、翌一九三二年一月に勃発した上海事変、同年三月の「満洲国」建国、同年九月の日本による「満洲国」承認、翌一九三三年一月に実施された「熱河作戦」などを経て、一九三三年五月三一日に締結された塘沽停戦協定によって一応の終止符が打たれた。同協定により、河北省東部（冀東地区）は非武装地帯とされ、翌一九三四年の日中関係は比較的穏やかに推移した。

しかし一九三五年に入ると関東軍や支那駐屯軍はいわゆる華北分離工作を実施し、日本軍は華北五省（河北・山東・山西・綏遠・チャハル各省）への進出を本格化させた。一九三五年六月一〇日には、関東軍および支那駐屯軍が国民政府軍事委員会北平分会代理委員長何応欽《かおうきん》との間で梅津・何応欽協定を締結し、于学忠《うがくちゅう》麾下の第五一軍の河北省からの撤退、同省国民党部の廃止、排日行為の禁止などが決められた。六月二七日には関東軍奉天特務機関長土肥原賢二とチャハル省主席代理秦徳純《しんとくじゅん》との間で土肥原・秦徳純協定が締結された。

こうした華北分離工作における主要な要求の一つとして、参謀本部および関東軍により、つねに「華北自由飛行」があげられた。満洲航空およびその背後にいる参謀本部第二部・関東軍参謀部第二課は、すでに見たように、㈠「満洲国」と華北（いずれは中国全土）との航空連絡、㈡綏遠・寧夏・新疆から中央アジアルートでの欧亜航空連絡、という二つの主要な目標を追求しており、しかもそのルートは同時に参謀本部第二部および関東軍参謀部第二課の進める対ソ諜報・謀略工作の重要なインフラストラクチャーを形成するものであった。「華北自由飛行」は、参謀本部第二部および関東軍参謀部第二課にとって、死活的な重要性を有していたのである。

また、日本外務省は、こうした日本陸軍の独自行動を抑制しつつ日本外交を統一的に進めるための方策として「広田三原則」を掲げ、中国国民政府との交渉をおこなうとともに、以後この原則のもとに「防共外交」を推進した[178]。そこで重要な目標の一つとされたのは、「華北自由航空」「飛行場の建設」などの施策であり、念頭に置かれていたのは、やはり「西進」を含めた関東軍および満洲航空の活動であった[179]。

一　華北分離工作と防共外交

(1)　華北分離工作

一九三五年に入ると、中国北部では、国境線の不明確な熱河省（「満洲国」に編入）とチャハル省の間で頻繁に偶発事件が起こるようになった。こうした事態を背景に関東軍および天津軍（支那駐屯軍）はいわゆる華北分離工作を進めた。六月一〇日、天津軍司令官梅津美治郎は国民政府軍事委員会北平分会代理委員長何応欽と「申し合わせ」に合意し、河北省主席于学忠の罷免と国民政府軍の華北からの撤退を実現した(180)。六月二七日には関東軍奉天特務機関長土肥原賢二とチャハル省主席代理秦徳純との間で協定が結ばれ、関東軍は国民政府第二九軍司令官宋哲元《そうてつげん》のチャハル省からの撤退を実現させた(181)。この協定では、徳王の内蒙での工作を妨害しないこと、チャハル省における飛行場の建設と無線電信施設設置の要求が実現された（「第一次華北分離工作」）。関東軍の華北分離工作では、徳王の「高度自治運動」と満洲航空の「西進」政策が強く意識されていたことに注目されなければならない。

関東軍参謀部は、土肥原・秦徳純協定をもとに、約一ヵ月後の七月二五日、「対内蒙施策要領」を起草し、「満洲航空会社を指導し、西スニト旗飛行場および張家口飛行場を基礎とし、外蒙方面、百霊廟、綏遠、包頭、なしうれば新疆および青海方面に至る航空路」を開拓する計画を立案した(182)。これはまさしく関東軍の「防共回廊」を構成する各地域を航空路でつなごうという構想であった。

日本の外務省は、このような関東軍の行動に危機感を強め、軍部の要求を大幅にいれつつも、何とか日本の統一的な外交政策を推進しようとした。一九三五年一〇月四日、外相広田弘毅は陸海軍大臣と対中国政策における合意（「広田三原則」）に達し、以後この原則のもとに南京国民政府との交渉をおこなうことになった。三原則の内容は、㈠排日言動の取り締まり、㈡「満洲国」の黙認、㈢「外蒙等より来る赤化勢力の脅威排除」であった。この「防共外交」では、中国をして「我が方の希望する諸般の施策に協力せしむること」とされていたが、具体的には「華北自由航空」「飛行場の建設」などの施策であり、念頭に置かれていたのは、やはり「西進」を含めた関東軍および満洲航空の活動であった。[183]

しかしながら、中国現地では、こうした外務省の対中交渉を無視する形で関東軍と天津軍が独自行動をおこない、一九三五年一一月二五日には塘沽停戦協定の非武装地帯に傀儡政権である「冀東防共自治委員会」（一二月二五日に「冀東防共自治政府」に改組）を設立していた（「第二次華北分離工作」）。こうした日本軍の行動に対抗するため中国国民政府は、「民衆による自治と防共」「中央からの分離」を意図する宋哲元の親日的な「冀察政務委員会」創設を事実上容認せざるを得なくなった。

(2) 日独中三国防共協定案の挫折と防共外交の混乱

日本外務省は、中国国民政府との交渉において日中二国間での防共協定（日中防共協定）の締結を目指したが、中国側では、この日中防共協定にドイツを編入する案が浮上し、この案は、上海駐在ドイツ総領事クリーベル（Hermann Kriebel）を通じてリッベントロップ（Joachim von Ribbentrop）およびヒトラーのもとに届けられた。中国に対する日本の防共外交にドイツがリンクしてきた訳である。

ヒトラーとリッベントロップは一九三五年一一月、この日独中（三国）防共協定案に賛成した。一一月一五日、クリーベルは汪兆銘に打電し、「日中和平への帝国宰相（ヒトラー）の非常に暖かい関心」を伝えた。[184] しかしながらこの三国防共協定案は、先に見た華北情勢の険悪化などの諸要因によって、翌一二月に潰え去ってしまう。一二月七日、リッベントロップはクリーベルに打電し、「ドイツの側から介入しうる余地は当面ほとんど存在しないので、蔣介石がこの問題で公式の措置を執るのを阻止せよ」と伝えたのである。[185]

しかしながら、その後も日本陸軍の動きはやまなかった。たとえば支那駐屯軍は、関東軍の意向をいれつつ「防共協定」締結に固執し、一九三六年三月末、多田駿《ただはやお》支那駐屯軍司令官と冀察側宋哲元との間で「防共協定」を成立させることに成功し、さらには山西の閻錫山《えんしゃくざん》とも同様の「防共協定」を締結する姿勢を示した。(186)そこには、「共産軍は甘粛および陝西に進入し山西、綏遠を伺いつつある」との現地軍の危機意識が表現されているとともに、現地政権との協定を締結することにより、「将来北支政権と満洲国若しくは帝国との間に訂結せらるべき一般的取極の糸口」とする意図が込められていた。(187)まさしく関東軍の「西進」ルートが脅かされていたのであり、そのため関東軍は、「防共協定」に基づく華北政権との協力を強く求めていたのである。

一方、日本外務省および陸軍省も、「防共外交」の名のもとに、南京中央政府との日中防共協定の実現に固執した。さらにその過程では、日中防共協定に日独防共協定を加える案をも追求した。(188)しかしながら、それはもちろん無駄な試みであった。なぜなら、すでに見たように、一九三五年秋の段階でドイツ側は日独中三国防共協定案を、日本に通知することなく密かに葬り去っていたからである。

他方、日本外務省は、陸軍の論理とは別に、中国、ドイツ以外にも対象をさらに拡大し、ポーランド、オランダ、イギリスなどを相手に防共を主な内容とする協定の締結を働きかけ続けた。(189)

二　国防省防諜部長カナーリスと日独防共協定の成立

(1) ナチス政権成立と日本陸軍の欧州における諜報・謀略体制の再編成

一九三三年一月三〇日のナチスによる権力掌握まで、日本陸軍のヨーロッパにおける諜報・謀略工作の中心はフランスのパリに置かれていた。一九三二年一〇月八日に参謀次長真崎甚三郎がフランス駐在陸軍武官笠井平十郎に与えた「謀略計画に関し仏国在勤帝国大使館付武官に与ふる指示」によれば、フランス駐在陸軍武官は「謀略に関し欧州並びに土耳古機関を区処す」とされ、一九三三年四月一〇日までに「別冊謀略計画要領」に基づき「必要なる謀略計画」を策定し、参謀本部に報告すべきとされた。その「別冊謀略計画要領」には、以下のように記されていた(190)。

第一　対ソ戦争

一　平時よりソ連邦ないし第三「インター」の極東における赤化事実を宣伝し、ソ連邦の赤化政策に対する帝国の立場を諒知せしめ、以て対ソ戦の正義公道に立脚する所以を了得せしむ。

二　開戦後なるべく速やかにソ連邦の戦争力を破壊する為、左の施策を実行す。

「ウクライナ」「ジョルジア」「アゼルバイジャン」の独立運動を助成し当該地方を擾乱す。

亡命反ソ露人団体をしてソ連邦内の同志と連絡し、各地に暴動を起こさしめ、非戦熱を煽ると共に労農政権の崩壊を図る。

三　仏国、波蘭〔ポーランド〕、小「アンタント」〔チェコスロヴァキア、ユーゴスラヴィア、ルーマニア〕、沿波爾〔バルト〕的諸邦〔エストニア、ラトヴィア、リトアニア、フィンランド〕、ならびに土耳古と親善を図り、為し得れば右諸邦をして前条の施策を実行せしめ、已むを得ざるも我が謀略実施に便宜を与える如くす。

すなわちヨーロッパにおいて日本の諜報・謀略機関は、ウクライナ、グルジア、アゼルバイジャンの独立運動を扇動するほか、反ソ亡命団体と連絡を取って戦争勃発時にソ連各地で暴動を起こさせ、ソヴィエト政権の崩壊を図るというのである。また、フランス、ポーランド、チェコスロヴァキア、ユーゴスラヴィア、ルーマニア、エストニア、ラトヴィア、リトアニア、フィンランド、トルコにも同様の謀略工作を実施するよう働きかけ、やむを得ない場合でも日本陸軍による謀略の実施に便宜を与えるようにすべきだとされたのである。

さらに、「謀略及び諜報機関配置票（戦時に増置するもの）」によれば、「中央機関」はパリ駐在武官府であり、ヨーロッパ全体を統括するほか、「波斯〔ペルシャ〕機関」をテヘランに置き、インド駐在武官がアフガニスタンをも区処するとされた[191]。ヨーロッパにおける対ソ謀略は、パリ駐在武官府を中心とし、イラン、アフガニスタンでの謀略をも管轄するというのである。

一方、一九三三年一月にナチスが権力を掌握するまで、日本陸軍は、ヴェルサイユ体制下で軍事主権を制限されたドイツ国防軍との参謀本部間協力には消極的であった。さらに加えて、ヴァイマール共和制下でソヴィエト赤軍との秘密協力関係を維持していたドイツ国防軍とは、対ソ諜報・謀略協力をおこなう基盤がそもそも存在しなかったのである。

ところが一九三三年一月のヒトラー政権の成立はこうした日本の諜報・謀略体制の見直しを迫ることとなった。ナチスの外交政策はヴェルサイユ条約の修正と反共産主義を重要な課題として掲げていたため、独ソ関係は急速に冷却し、独ソ秘密軍事協力関係も終焉を迎えた。さらにフランスも対ドイツ警戒感を強めていた。一九三五年三月にドイツが再軍備宣言をおこない、徴兵制を復活させると、仏ソ両国は同年五月に仏ソ相互援助条約を締結した。これにより、ソ連を対象として構築された日本陸軍のヨーロッパにおける諜報・謀略活動の中心をパリに置くことは無意味となったのである。

日本陸軍参謀本部がその活動の新しい中心として選んだのは、パリと並ぶヨーロッパ大陸の政治的中心であり、ナチス統治下でいまやヨーロッパにおける反ソヴィエト勢力の牙城ともなったベルリンであった。パリ駐在武官府に代わってベルリン駐在武官府がヨーロッパにおける諜報・謀略活動の中心になる必要があり、日本陸軍参謀本部にとって、早急にドイツ国防軍との諜報・謀略上の協力関係を構築することが至上命令となった。日本陸軍参謀本部がこのために新たなベルリン駐在日本陸軍武官に選んだのは、第一次世界大戦勃発時の陸軍大臣で、大のドイツびいきであった大島健一中将の息子、大島浩であった。大島浩には、ヨーロッパにおける日本陸軍の諜報・謀略体制の再編成という重責がかかっていたのである。大島が交渉相手として選んだのは、もちろん、ドイツ国防省の諜報・謀略機関であるドイツ国防省防諜部（Abwehr）であり、その長カナーリスであった。

(2)　ベルリンでの日独防共協定交渉

のちの防共協定へと至る日独交渉は、一九三五年九月にドイツ駐在日本陸軍武官大島浩が武器商人ハック（Friedrich W. Hack）に軍事協定の締結をもちかける形で始まった(192)。当時ハックはリッベントロップと国防省防諜部長カナーリス両者の情報員を兼ねていた。

一九三五年一月に国防省防諜部長に就任していたカナーリスは、東欧・東南欧諸国の軍部との間でソ連を対象とする情報交換を組織化する構想を推進していた。一九三五年春・夏にハンガリー、エストニア、フィンランドの情報当局と接触したカナーリスは、同年七月と九月にイタリア軍情報部長ロアッタ（Mario Roatta）とも「共産主義の危険に対する共同闘争」のための協定を締結する問題で協議していた。(193)

カナーリスは陸軍参謀局第三課長（外国陸軍担当）シュテュルプナーゲルとの業務連絡や大島浩との協力関係を通じて関東軍の「西漸」政策に関して一定の知識を有していたと思われる。しかしながら、関東軍の「西漸」を「日禍西漸」的に捉えていたシュテュルプナーゲルら陸軍参謀局とは異なり、カナーリスはそれを日独の対ソ諜報・謀略協力の観点からむしろ肯定的に評価していた。交渉は一九三五年九月にハックを通じた大島とカナーリスの協議から始まり、一九三五年一一月にはこれにリッベントロップが加わった。大島は、当初ソ連を対象とする純然たる日独軍事協定の締結を想定していたが、のちの交渉の過程で協定案はコミンテルンを対象とする「防衛」（ドイツ語でAbwehr.「防諜」の意）および「情報交換」を内容とするものに変わっていった。(194)しかも、すでに見たように、中国側からは、一一月上旬、日独中三国防共協定案が伝えられていた。

一一月一五日、リッベントロップ邸で重要な会談が開かれ、リッベントロップ、カナーリス、大島、ハック、ラウマー（Hermann von Raumer、リッベントロップ事務所）が参加した。この席でリッベントロップは、協定の具体的内容について、大島が当初提案したような純然たる秘密軍事協定ではなく、

「一種の一般的友好条約に軍事上の附属協定を加えたもの」が考えられるとの意見を示した。[195]

日独中三国防共協定案は一時留保された形となったが、ラウマーは、先に見た中国国民政府の日独中三国防共協定案にヒントを得て、「一種の一般的友好条約」の内容を「防共協定」とすることとし、さらに一一月二二日の晩、コミンテルン第七回大会に関するドイツ外務省の報告書を読む過程で「防共」を「反コミンテルン」に読み換える着想を得たという。東アジアで展開されていた日本の「防共外交」が、中国側の三国防共協定案を経て、ドイツにおいて「反コミンテルン」という内容に変換されたことになる。[196]

さらにドイツ側は、この日独協定に、ポーランドさらにはイギリスを加える可能性を示唆した。[197]すでに見たように、戦間期のポーランド軍と日本陸軍参謀本部は、対ソ政策上、密接な関係を築いており、ポーランドを加えることには、日本陸軍としても異存はなかっただろう（実際、やや時期は下るが、ポーランド駐在日本陸軍武官沢田茂がポーランド外務省でポーランドの日独防共協定への参加を慫慂している）。[198]

(3)　若松只一のベルリン派遣とカナーリスの対ソ包囲網構想

ベルリンで大島浩により進められた日独防共協定交渉に関し、日本陸軍は、状況を確認し、カナーリス、リッベントロップ、ドイツ国防軍らの情勢判断ととるべき方針を確認するため、参謀本部第二部第四班（総合情勢判断を担当）班長若松只一中佐をドイツに派遣した。対ソ謀略と情勢判断のエキスパートである。若松の念頭には、七年前の一九二八年に関東軍の対ソ謀略担当者神田正種と摺り合わせた「対露謀略の大綱」が存在していた。日本陸軍の「西進」政策を熟知していた東京駐在ドイツ陸軍武官オットは、若松が「外蒙に関する日本参謀本部の広範な諸計画」を携えて訪独することを見抜いていた。若松は一九三五年一一月四日に日本を出発し、翌一九三六年一月までドイツに滞在したが、その過程では、もちろん、ドイツ国防軍の対ソ謀略担当者＝防諜部長カナーリスとの立ち入った協議がおこなわれたはずである。(199)

カナーリスは、若松帰国後の翌二月、「三軍の秘密情報業務に関する一九三六年度業務基本方針」なる文書を起草し、ソ連近隣諸国との諜報協力の拡大に関し、「すでに着手された方法により「戦略的活動」、すなわちより広範な領域における秘密諜報業務の拡大強化を体系的に前進させなければならない」と述べていた。具体的にはハンガリー、フィンランド、イタリア、スウェーデン、エストニアとの諜報協力の追求および拡大、東欧圏のドイツ系少数民族領域での諜報活動の展開などが目指されたが、日本に関しても「日本との情報交換業務を推進しなければならない」と述べられていた。(200)すなわちカナーリスは、当時、日本を含むソ連近隣諸国の軍情報部との間での反ソ・反共を目的とする諜報網の構築を目指していたのである。

こうした考えに基づき、カナーリスは、同月五日、ドイツ駐在ポーランド大使リプスキ（Józef Lipski）とも会談し、「軍事諜報業務の分野でポーランド軍当局と密接な協力関係に入りたい」という希望を伝えていたのである。(201)同じ時期に推進されていた日独防共協定交渉は、まさしくカナーリスの「反ソ・防共諜報網」構想と、大島および日本陸軍（とりわけ関東軍）の進めたユーラシア課報・謀略

図 24　日独防共協定締結を記念する大島（前列中）、カナーリス（前列右）、ハック（前列左）（中田整一『ドクター・ハック―日本の運命を二度にぎった男』平凡社，2015 年）

構想が重なる形で展開されたものであるということができる。

(4)　日独防共協定の成立

その後、日独防共協定交渉は、大島およびカナーリスの手を離れ、一九三六年八月からはリッベントロップおよびドイツ駐在日本大使武者小路公共《きんとも》の手で継続され、一九三六年一一月二五日に調印された。協定第一条には、「締約国は共産「インターナショナル」の活動に付き相互に通報し、必要なる防衛措置に付き協議し、且つ緊密なる協力により右の措置を達成することを約す」と規定されていた。また、同協定秘密議定書第一条では「両締約国の当該官憲は共産「インターナショナル」の活動に関する情報の交換並に共産「インターナショナル」に対する啓発及び防衛の措置に付き緊密に協力すべし」と規定されていた[202]。まさしく日独防共協定にはドイツ駐在日本陸軍武官大島浩と日本参謀本部第二部、およびカナーリスとドイツ国防省防諜部の政治的意図が明瞭に反映されていたといえよう。

三 日中交渉の挫折と綏遠事件

(1) 「蒙古軍政府」の成立と蔣介石の決意

一九三六年一月一三日に日本政府が決定した「第一次北支処理要綱」は華北五省（河北・山東・山西・綏遠・チャハル各省）の分治を方針とした。陸軍省（軍事課）の要求を大幅に受け入れた国策が制定されたのである。しかし一方同要綱は、華北分離工作の主務機関を天津軍とし、「関東軍及在北支各機関は右工作に協力するものとす」と述べて、関東軍の行動を抑えようとした。さらに対内蒙工作に関しては「関東軍に於て依然従来の方針に基き継続すべきこと固より」と述べて、関東軍を主務機関としつつも、「内蒙工作は其範囲を概して外長城線以北に限定し、且東部綏遠四蒙旗の地域に波及せしめざるもの」として、その行動範囲を限定した。要するに関東軍は、陸軍省軍事課にその西漸政策を掣肘される形となった。(203)

しかしながら、もちろん関東軍はそれに甘んじなかった。たとえば一九三六年二月一〇日、関東軍は徳王を支援して西スニト旗に「蒙古軍総司令部」を秘密裡に成立させた。(204)この「蒙古軍総司令部」は、その後「内蒙各地に散在せる人材を糾合」するため、内蒙古各地への工作を強め、さらに「綏遠、察哈爾〔チャハル〕内の各旗及土黙特〔トゥムド〕、阿拉善〔アラシャン〕、額済納〔オチナ〕部、青海等に対し悉く連絡を完了」するに至った(205)。

同年三月中旬、関東軍参謀部は関係特務機関長を召集して会議を開催し、こうした内蒙古工作の現状を総括するとともに、徳王を中心とする「蒙古軍政府」の建設をさらに推進することとした。さらに関東軍は同年四月二〇日より二六日まで一週間にわたって西ウジュムチン王府で「蒙古建国会議」を開催した。会議の目的とするところは、いままで「概ね秘密」とされてきた「蒙古軍政府」を「蒙古側に対しては一切之を公開」し、親日満の態度を決定的なものにし、「名実共に蒙古民族中央政府たらしめ、同時にチャハル、綏遠、阿拉善、額済納、青海蒙古を合する領域の結束を鞏固」にすることであった(206)。関東軍のまなざしは、内蒙古からさらに西へ、すなわちアラシャン、オチナ、青海へと向けられていたのである。

一九三六年五月一二日、以上のような経過ののち、関東軍の影響下に「蒙古軍政府」が正式に発足するに至った。これは松室孝良や田中隆吉のいう「防共回廊」構想が一歩前進したことを意味した(207)。

このような関東軍の動向に南京国民政府・蒋介石は危機感を強め、対抗策を準備することになった。一九三六年八月九日、蒋介石は綏遠省の南に隣接する山西省の閻錫山に対し、以下のような指示を送った(208)。

私は、傀儡匪軍に二度と綏遠を攪乱させないつもりである。我が軍はただ防御のみではその目的を達することができない。必ず相手を撃滅すると同時に、その後方の司令部および集結地を探り、不意を突いて全力で猛然と奇襲をかけ、相手に大きな打撃を加えたあと、即座にもとの防衛体制に退いて固守すれば、傀儡匪軍は以後軽々に侵攻しようとはしないであろう。

すなわち蔣介石は、一九三六年夏、「蒙古軍」の妄動を許さぬ不退転の決意を固めたのである。

(2)　綏遠事件とユーラシア諜報・謀略構想への打撃

すでに見たように、ドイツ外務省本省や駐華大使トラウトマンは、ヨーロッパから近東・中央アジアを経て新疆に至る航空路開拓の政治的な困難を指摘していたが、同様の困難は、当然の事ながら、日本側が担当する華北から新疆までの航空路についても存在した。しかしながら、関東軍は、この困難を暴力的に突破しようとした。

一九三六年一一月九日、田中隆吉に使嗾された内蒙古軍が「防共」を旗印として綏遠省に侵入し、これを支援するために関東軍は満洲航空機を「義勇軍」として出動させた。これに対し傅作義《ふさくぎ》に率いられた綏遠軍は反撃を開始し、一一月二三日から二四日にかけて百霊廟を奪回、内蒙古軍は潰走した。二一日に日本の外務省は、この「綏遠事件」は中国の内政問題であり、日本は関知しないと声明したが、内蒙古軍の敗北は明らかに関東軍の軍事的な失敗であった。

この綏遠侵攻の主要な目的の一つは、中央アジアルートのための橋頭保の設置であった。元満洲航空社員中畑憲夫はそのことを以下のように述べている。

察東事変〔綏遠事件〕というのは、関東軍の意図によって日本と独乙を飛行機で直結する為、満洲―内蒙古チャハル省包頭―五原―ゴビ砂漠―パミール高原を越えて独乙に直通し、情報技術の

交換、物資の供給を図るため、ゴビ砂漠に飛行根拠地を建設するという遠大なる計画で始められたものである。(209)

綏遠事件は大島らの進めた日独防共協定とユーラシア諜報・謀略構想への重大な打撃となった。一九三七年二月、当時日本に帰国していた大島は「蒙古人の綏遠に対する行動は関東軍の重大な失策である。関東軍は、満洲国の安全保障地帯を創設するため努力したが、しかしその行動の時期および行動の規模の両面において誤った」と痛憤した。当時日本に一時帰国していた大島は、このため、「関東軍参謀長（板垣征四郎）を東京に召還」しようとするほどであった。(210)綏遠事件に関する大島の焦燥は深かったといえよう。

(3)　防共外交の失敗の帰結としての日独防共協定

綏遠事件に至る蒙古軍の動向および関東軍の「西進」政策は、さらに、同時期に並行して進められていた南京での日中交渉を破綻させた。九月一五日、日本の六項目要求のうちの一つである「共同防共」に対し、張群外交部長は「我が方の領土主権および行政の保全を侵害しないことを原則とする」と反論した。すなわち張群は、華北での共同防共は中国の領土主権に関わる重大な問題であることを示したのである。さらに同月二三日、張群は、逆に五項目の中国側要望事項を提出したが、その中では、関東軍の動きに関し、とくに「華北自由飛行の停止」「察東および綏遠北部における偽軍の解散」を求めた。満洲航空による華北の自由飛行および「蒙古軍」の活動は、中国にとって許容しがたいものであった。こうして川越茂・張群会談は、一九三六年九月二三日、ついにいったん打ち切られるに至った。蔣介石は、交渉が決裂したと判断し、何応欽に「いつでも抗戦できるよう」命じたのである。[211]
その後日中交渉は一〇月一九日に再開されるが、主として防共問題をめぐって紛糾し、膠着した。その直後に綏遠事件が勃発することになる。一二月七日、国民政府外交部は「綏遠事件が勃発したことによって、外交交渉が妨げられている」と主張し、交渉は事実上終焉を迎えた。[212]

結局のところ、この交渉において日本側が要求した「共同防共」とは、たんに「ソ連および共産主義に反対する」というイデオロギー的な意味のみを有していたのではなく、綏遠事件に示される内蒙独立運動や、関東軍が進めた寧夏・甘粛・新疆への「西進」=「防共回廊構想」の承認を求めるに等しく、中国国民政府にとってはとうてい受け入れることができない性質のものであった。[213]日中交渉打ち切りの五日後に発生した西安事件とその帰結である抗日民族統一戦線への流れは、広田が何よりも求めていた蔣介石政権との日中(二国間)防共協定締結を絵空事とした。広田弘毅内閣の対中国政策および「防共外交」は、こうして、陸軍との協調を維持しつつ対中交渉を図るというその内在的論理によって破綻したのである。

一九三六年一一月、日独防共協定は締結されたが、中国以外でも、日本の「防共外交」の対象であったポーランド、オランダ、イギリスなどは、結局、「防共」を内容とする二国間ないし多国間の協定締結に動くことはなかった。日独防共協定は、日本外務省の「防共外交」の成功ではなく、むしろその失敗の結果として成立したのであった。

第六章　日独「満」航空協定および日独謀略協定の成立

一九三六年一一月にベルリンで調印された日独防共協定は、奇妙な協定であった。この協定は、第一に、近代日本が締結したさまざまな国際条約とはまったく異なって、「情報交換」とか「防衛」（「防諜」）といった「インテリジェンス」用語であふれていた。第二に、この協定は、そのような「情報交換」や「防諜のための協力」をおこなうための実施規定をまったく欠いており、どのようにこの協定を執行するのかという問題について、何も述べていなかった。そのため、いままで多くの研究者が、この協定は「背骨のない協定」とか「空虚な同盟」であると定義してきた。(214)

しかしながら、日独防共協定のための実務協定は、日独防共協定調印のすぐあとに、日独の実務当局により二つの重要な取り決めとして締結されていたのである。

その第一は、一九三六年一二月一八日に、ルフトハンザ航空と満洲航空（恵通航空）との間で締結された日独「満」航空協定である。この航空協定は、いわば日独両国の諜報・謀略協力のための航空政策上のインフラストラクチャーを形成しようとするものであった。

第二は、一九三七年五月に日独両軍の諜報・謀略当局、具体的にはドイツ国防省防諜部カナーリスと、日本参謀本部第二部の意を受けたドイツ駐在日本陸軍武官大島浩により締結された「ソ連邦に関する日独情報交換付属協定」および「対ソ謀略に関する日独付属協定」である。「ソ連邦に関する日独情報交換付属協定」は日独両軍（陸軍）の情報交換の対象事項、交換の場所および方法、査覈《さかく》の方法、回答の努力義務、諜報業務のノウハウの交換などを規定していた。謀略協定は謀略の対象事項、謀略の対象地域、相互の活動分野の画定、相互協力の方法、年度計画などを規定していた。いずれの協定も「付属協定」と称しているが、もちろんそれは「日独防共協定付属協定」の意味であった。

一　日独「満」航空協定の成立

(1)「恵通航空公司」の成立

すでに見たように、一九三五年末、関東軍参謀副長板垣征四郎は満洲航空の永淵三郎をドイツに派遣し、日独「満」航空交渉に当たらせた。ドイツ駐在日本陸軍武官大島浩は、日独防共協定交渉と平行する形で、永淵とヴロンスキーおよびガーブレンツとの間でおこなわれていた航空協定交渉を後見した。ドイツ側でルフトハンザを後見したのは航空省次官ミルヒであった。(215)

一方日本外務省は、航空路などに関する南京国民政府との交渉と平行して、あるいはその破綻を予期しつつ、冀察政務委員会とも交渉し、満洲航空による華北への航空連絡の実現を目指していた。(216)堀内干城《たてき》天津総領事と冀察政務委員会は、一九三六年一〇月一七日に「日支航空協定」に調印し、日中合弁の航空会社「恵通航空公司」を設立することに決定した。これに基づき河北省保安処長張允栄と満洲航空会社取締役児玉常雄が、中国航空公司と欧亜航空公司の例にならい、新会社設立の準備に取りかかった(217)。恵通航空公司は、満洲航空の傘下に置かれながら、まず「北支」に対して航空勢力の進出を図り、さらに「全支に於ける航空権」をも実質的に掌握せんとする意図を持っていた(218)。しかしさしあたりの重要課題は、なによりも、ルフトハンザ・欧亜航空公司との間での日独「満」航空路線の実現であった。恵通航空公司はその後同年一一月一七日に設立され、多くの満洲航空社員が出向した。

(2) 日独「満」航空協定の成立

一九三六年一一月の日独防共協定締結により、日独「満」航空協定に調印する政治環境は整えられた(219)。同年一二月一八日、大島浩と永淵三郎は、ルフトハンザのガーブレンツとともに、日独「満」航空協定に調印した(220)。日独「満」航空協定は、日独防共協定の関連協定として締結されたのである。

図25　ミルヒ（Karl-Dieter Seifert, *Der deutsche Luftverkehr 1926-1945-Auf dem Weg zum Weltverkehr*, Bonn: Bernard & Graefe Verlag 1999, S. 94.）

日独「満」航空協定では、第二条で協定の「目的」が規定され、ルフトハンザと満洲航空が共同で「伯林―ロードス―バグダッド―カブール―安西―新京―東京の線に予定せられたる航空路に依り東京―伯林間の共同定期航空を設定する」こととされた。

さらに、両者はアフガニスタンと中国（新疆）の国境を境とし、その東西において定期航空路に必要な「諸設備の準備を担任」することとされていた。(221)

さらに協定は、「総ての研究準備および試験飛行」を一九三七年中に実施し、一九三八年三月までには定期飛行を開始する計画であった。そのためルフトハンザは「「パミイル」飛行並同地付近の気象観測」をおこなうこととし、満洲航空側は新疆方面における諸調査をおこない、「此の際為し得る限り「アンシイ」（安西）「カブール」間に中間着陸場設置の可能性を探究す」とされたのである。(222)

日独「満」航空協定が想定した案には、さまざまな政治的ないし航空技術的な不安定要因が存在していた。たとえば、安西の利用に関し、なお中国当局の了解を得る必要性は残った。そのため日本の陸軍省は、「速に日満独連絡飛行の準備並に実施に支障なからしむる如く、支那領土上空飛行及び安西に飛行場設置に就き（中国国民政府と）交渉」すべきとの姿勢を示した。(223)しかしながら、日本の「華北分離工作」に対する当時の中国国民政府の強硬な態度に鑑みれば、このような交渉がたとえ実現したとしても、安西の利用許諾が南京から下りる可能性は極めて低かったといわなければならない。そのため、日本側は、中国内の飛行に関してもルフトハンザ・欧亜航空公司の協力を求めた。すなわち恵通航空公司は、「支那の情勢により、新疆省内通空等に関しては、当初要すれば「ル」社既得航路を恵通等が臨時飛行名儀にて飛行する」などの便宜を求めていた。(224)

さらに、安西が使えない場合を考慮し、満洲航空・恵通航空は、モンゴル人民共和国に接する寧夏省北部のオチナを有力な飛行場建設地と想定した。(225)オチナは、すでに見たように、板垣征四郎や満洲航空幹部らにより、「欧亜直通航空の最良の中継点」かつ「シベリア鉄道を側面から脅威する絶好の爆撃基地」として「発見」されていたのである。

(3)　林銑十郎内閣による閣議決定

一九三七年三月二〇日、日本政府はルフトハンザと満洲航空の航空協定案を閣議決定し、日独航空連絡の方針を承認するとともに、ドイツとの国家間協定の正式調印を目指すこととした。そこには、ユーラシアの北回りルートはソ連に、南回りルートはイギリス・フランス・オランダに抑えられているという以下のような航空情勢認識が示されていた。(226)

現下の国際情勢並列強の東亜に対する航空進出の現況に鑑みるも、速かに我航空勢力の対外発展を企図するは国家百年の大計上焦眉の急務なりと信ず。就中亜欧連絡航空関係に於ては南方航空路たる印度経由線は既に英、仏、蘭の三国に依りて実施せられ、北方航空路たる西比利亜経由線は蘇連邦の介在に依りて阻まれ、新航空路としては纔に蒙古新疆を横断する中央経由線を残存するのみなる処、偶々客臘〔「昨年一二月」の意〕満洲航空株式会社取締役永淵三郎と独逸「ルフトハンザ」会社社長「ヴロンスキー」との間に本経由線に依る相互乗入に付、日、満、独政府の許可を条件として、完全なる諒解の成立を見たるは、帝国の対欧航空進出上絶好の機会なるを以て、此の際左記要領に依り、成る可く速に本件航空路の設定を期することと致度

日本政府は、閣議決定を受けて、「華北自由飛行」問題で南京国民政府と妥協してでも恵通航空公司の活動および欧亜航空公司との協力を承認させようとした。すなわち一九三七年四月一六日に「対

支航空問題の解決促進に関する方針」が決定され、南京政府をして恵通航空公司を「承認もしくは黙認」せしめ、さらに同政府をして「同公司の営業線を延長しもしくは欧亜航空公司との連絡を承認せしむる様」措置することとした[227]。日本政府自身が中央アジアルートの実現に乗り出したのである。

満洲航空は、かつて欧亜航空連絡に備え「特航部」を設けていたが、閣議決定を受け、一九三七年五月、それを独立させ、満洲航空の全額出資のもとに「国際航空株式会社」を設立した。社長として児玉常雄自身が乗り込み、永淵三郎が常務取締役に就任した[228]。

満洲航空は、ルフトハンザとの協定をうけて、「満洲国」からアフガニスタン＝新疆国境までの状態を探査することとした。さらに満洲航空は、オチナに中継飛行場を設置することに決定した[229]。すでに一九三六年六月、満洲航空はオチナへの橋頭堡としてアラシャン旗の定遠営に飛行場を設置していた。同年九月、ガソリン缶を積んだラクダ一五〇頭からなる第一次ガソリン輸送隊が秘かに百霊廟を出発し、砂漠を越えて一一月三日に定遠営に到着した。また、一九三七年五月、第二次ガソリン輸送隊がラクダ三〇〇頭にガソリン缶を満載して西スニト旗を出発し、オチナを目指した[230]。

一方ルフトハンザは、協定成立以前の一九三六年六月にアフガニスタン領アンジュマン峠付近に石造の小屋を建てて気象観測を開始し、カーブルに飛行無線技士を常駐させた。日独「満」航空協定に調印したガーブレンツは、さらに一九三七年、みずからアフガニスタン＝中国ルートを試験飛行する準備を開始した[231]。

なお、偶然ではあるが、日独の近東・中央アジアにおける諜報・謀略工作およびイスラーム政策にとって重要な意味を持つ日独「満」航空協定を締結したときの内閣総理大臣が林銑十郎であったことは興味深い。林は、すでに見たように、第一次世界大戦期にドイツの近東・中央アジア・東アジア政策とイスラームの関係に強い関心を示しており、それは以後も持続していた。林内閣は極めて短命に終わるが、総理大臣辞任後も林のイスラームへの関心は続き、一九三八年八月には「大日本回教協会」の会長に就任している。また、一九三八年から四一年にかけて彼は『世界回教徒ノ動向　一』と題する草稿を、やはり一九三八年から一九四〇年まで『静軒百夕話十二　猶太問題一』と題する草稿を、一九四二年から四三年ごろにかけて『世界之形勢　三の二』と題する草稿を残している。そこでは「イランに於ける形勢」「土耳其に於ける形勢」「埃及及北弗（北アフリカ）の形勢」「亜剌比亜及回教徒の動静」「西阿弗利加に於ける新企図」など広範な問題が検討されていたのである。[232]

二　日独情報交換協定・日独謀略協定の成立

(1)　東京での交渉―オットと大島浩・参謀本部第二部

大島浩は一九三六年末、ちょうど日独「満」航空協定に調印したばかりの永淵三郎とともに、極秘で帰国の途についた。日独防共協定および日独「満」航空協定の運用について日本の陸軍参謀本部第二部と協議するためであった。[233]

大島は一時帰国前、ヒトラー、ゲーリング、国防省軍務局長カイテル（Wilhelm Keitel)、秘密警察長官ヒムラー（Heinrich Himmler）、リッベントロップらと個別に会談し、「日独〔防共〕協定を軍事的に利用可能にするための諸方策」、すなわち彼自身の表現でいえば、日独防共協定という「弱い吊り橋」を「コンクリートの橋」に拡張する計画について協議している。[234]

翌一九三七年一月一八日に帰国した時、駐日ドイツ陸軍武官オットも彼を横浜港の桟橋に迎え、その後、大島とオットは二月初旬までに四回にわたって秘密に協議をおこなった。こうした席で大島は、オットに対し、日本は将来対ソ戦争を戦わざるを得ないが、ソ連は「戦争の重圧の下で容易に個々の国家に分裂する可能性」があるので、対ソ戦争勝利の見込みは高いとの見通しを述べていたのである。[235]

さらに、同年二月一二日、防共協定の軍事的強化に関し、オットと日本参謀本部第二部（部長渡久雄少将、欧米課長丸山政男大佐、ドイツ班長馬奈木敬信中佐および大島浩）の詳細な会談がもたれた。この席では多くの事項が話し合われたが、とくに想定される日独軍事協力の仮想敵がソ連であることが強調された。協議の過程で、日本参謀本部側は、航空戦力拡張の遅れを理由に、対ソ戦争準備には四年から五年の期間が必要だとの認識を示した。日独両軍が協力すべき分野としては、㈠作戦構想の交流、㈡対ソ情報交換、㈢謀略、㈣軍備および軍事教育、の四領域があげられた。さらに、こうした協力をドイツで推進するため、ベルリン駐在日本陸軍武官府内に両軍協力担当の特別部局を設置し、その長として諜報および対ソ謀略の専門家である馬奈木を派遣することがドイツ側に伝えられたのである。[236]

(2)　大島・カナーリス協定の成立

一九三七年三月末にドイツに再赴任した大島は、日本での協議を踏まえ、同年五月一一日、ドイツ国防省防諜部長カナーリスとの間で「ソ連邦に関する日独情報交換付属協定」および「対ソ謀略に関する日独付属協定」に調印した。情報交換協定では「独逸国防省はその取得する情報を伯林在勤日本帝国大使館附陸軍武官に交付す。日本側にて得たる資料は東京において独逸大使館附陸軍武官に交付し直ちに伝書史を以て国防省に送付せらるるものとす」など情報交換の方法が五条にわたって規定されていた。また謀略協定では、「全少数民族運動の鞏化」「反共産主義宣伝」「戦争勃発時における革命行動、「テロ」行為、擾乱破壊行動実施のための諸準備」などと謀略目的が記され、謀略の範囲としては、「芬蘭〔フィンランド〕より勃牙利〔ブルガリア〕にいたる欧州西方国境方面は独逸の主たる利害関係地域とす」「西南国境方面（土耳古および「イラン」方面）は両国共同利害関係地域とす」「亜細亜東方国境方面は日本の主たる利害関係地域とす」などと規定されていた。まさしくドイツの「東漸」と日本の「西漸」が近東・中央アジアで合流する計画であった。

さらに注目すべきは謀略協定付属の「五ヵ年計画表」（次頁の表参照）であろう。そこでは、トルコ、コーカサス、ペルシャなど「共同利害関係地域」における日独両当事者の一九三七年から四一年までの「行動計画」が記されていたのである。それはたとえば「軍当局との連絡」「反ソ・親日独宣伝」「エージェントの育成」「無線通信の確立」からはじまって、「国境での拠点建設」「黒海での海上連絡」「航空機の着陸地点の探索」「軍事的重点目標に対する空爆の詳細な準備」「戦争準備の完成」な

より作成）

1939	1940	1941
1. 前年度工作の鞏化 2.「ラヂオ」連絡の設定 3. 飛行場設置に関する研究 4. 高架索軍隊編成の為に幹部教育開始	1. 前年度工作の鞏化 2. 主要なる軍事対照物に対する空中攻撃の為の詳細なる準備 3. 武器搬入	1. 前年度工作の鞏化 2. 軍事的諸準備の完成 3. 高架索軍隊の骨幹編成
1. 前年度工作の鞏化 2.「カスピ」海汽船による連絡 3.「カフカズ」との間に「ラヂオ」連絡の設定	1. 前年度工作の鞏化 2. 主要なる軍事対照物に対する空中攻撃の為の研究準備 3. 武器搬入	1. 前年度工作の鞏化 2. 軍事的諸準備の完成
1. 前年度工作の鞏化 2.「バクー」「グローズヌイ」「チフリス」「ウラヂ，カフカズ」「バツーム」石油輸送線に細胞設置 3. 赤軍及「カフカズ」土軍との連絡設定	1. 前年度工作の鞏化 2. 全般的暴動勃発に対する諸準備	前年度に同じ
1. 前年度工作の鞏化 2. 東地中海に根拠地（倉庫）の編成 3. 高架索軍隊編成の為に幹部教育開始	前年度工作の鞏化	前年度に同じ
前年度工作の鞏化	前年度に同じ	1. 前年度に同じ 2. 軍事的諸準備の完成

表　五ヵ年計画表（防衛省防衛研究所戦史研究センター史料室　文庫・宮崎32

	1937	1938
土耳古	1. 政府要路者との連絡，買収 2. 軍部との連絡（参謀総長） 3. 国境要点数ヵ所に秘密拠点の構成（商売人に偽装す） 4. 政治及軍事状況の調査 5. 徐ろに親日，親独，反蘇宣伝の開始 6. 土耳古に於て要員教育（学生に対する奨学資金の体裁とす）	1. 前年度工作の強化 2. 要すれば「リッペントロップ」事務局をして土政府を反蘇戦線に立たしむる如く政治的工作をなさしむ 3. 拠点の増加，増強 4. 黒海汽船による連絡の設定 5. 特使経路の設定及越境者の養成並配置 6. 高架索現地へ細胞設置及之との連絡設定
イラン	1. 政治及軍事状況の調査 2. 軍部との連絡 3. 為し得れば「リッペントロップ」事務局をして経済関係の鞏化に努めしむ	1. 前年度工作の鞏化 2. 国境拠点の構成 3. 越境連絡員の教育及配置 4. 要員の教育
高架索	1. 政治及軍事状況の調査	1. 調査の継続鞏化 2. 常続連絡路の設定 3. 宣伝開始
欧洲諸邦	1. 為し得れば「リッペントロップ」事務局をして接壌第三国特に「ブルガリア」及「ルーマニア」に対し政治的工作をなさしむ 2.「カフカズ」軍の教育即ち同地方の住民より抽出し教育後再ひ帰郷せしむ 3. 英，伊，波蘭の対高工作に注意す	前年度工作の鞏化
対「エミグラント」	1.「バーマート」の率ゆる国粋主義派を支持し宣伝の為次の措置をとる a. 雑誌「カフカズ」の増強拡張 b. 必要なる各国語にて発刊 c. 高架索及他の諸邦への宣伝 2.「プロミテー」派の工作に注意す	1. 前年度工作の鞏化 2. 情況に応じ反蘇宣伝の方法を適宜変更す

ど広範なものであった(237)。

この「五ヵ年計画表」では、さらに、つぎの二点が重要であろう。第一に、この「計画表」には、関東軍の「対露謀略の大綱」と同じ発想が随所に見られることである。すなわちこの「計画表」は、「大綱」と同様に、ソ連に隣接するユーラシアの諸国家・諸地域（イラン、コーカサス、トルコ、東ヨーロッパ諸地域）を対象としているのをはじめ、ソ連内少数民族への働きかけ、赤軍内部の少数民族部隊に対する謀略、炭坑・油田などでのサボタージュ扇動、無線通信への関心などが共通し、果ては諸民族内での活動に際し商人を装うなどの方法（「土耳古」欄一九三七年第三項「商売人に偽装す」）まで共通していたのである。

第二に、この「計画表」は、日独「満」航空協定と同じく、航空機の利用や飛行場ないし航空拠点への強い関心を示していた。「欧洲諸邦」欄の一九三九年第二項に見られる「東地中海に根拠地（倉庫）の編成」は、あるいは日独「満」航空協定で想定されたロードス島を念頭に置いていたのかもしれない。いずれにせよこの「計画表」は、ソヴィエト隣接地域に秘密の飛行場を設置し、対ソ作戦実施の場合にはこうした拠点からソヴィエト連邦（とりわけ鉄道や各種炭坑・油田、さらには各種工場など）への航空機を使った攻撃を想定していたのである。

ドイツ国防省防諜部と日本陸軍は、こうして、フィンランドからポーランド、ハンガリー、ブルガリア、トルコ、ペルシャ、アフガニスタン、新疆、甘粛、寧夏、綏遠、チャハルを経て「満洲国」へと至る「防共回廊」を想定しつつ、場合によっては各地域に飛行場を含めた拠点を設置し、そこからソ連に対する情報収集および各種謀略工作、さらには航空機を使った空中攻撃をおこなう計画を策定したのである。[238]

(3) 関東軍の対ソ戦争準備計画

なお、この謀略協定が謀略準備の期間を五年としたことについては、もちろん理由があった。すでに述べたように、一九三七年二月一二日、日本参謀本部第二部はオットを相手に「対ソ戦争準備には四年から五年の期間が必要」と述べていた。さらにこのころ日本陸軍および関東軍は、一般的に、一九四一年を目処として、戦備完成の期日、対ソ戦開始の期日としていたのである。[239]参謀本部作戦課長石原莞爾は、一九三六年七月二三日、陸軍省に対し、「対ソ戦争準備の為、戦争持久に必要なる産業は昭和一六年までを期間とし、日、満、北支（河北省北部および察哈爾省東南部）を範囲として之を完成し、特に満洲国に於てこれが急速なる開発を断行すること」を要望した。[240]さらに同月二九日に石原は、この要望に基づき、ソ連を対象とする戦争準備計画を立案していた。[241]大島が立案した「五ヵ年計画」は、まさしく一九四一年までを期間とする陸軍および関東軍の対ソ戦争準備計画と符合していたのである。[242]

(4) ソ連のカウンター・インテリジェンス

さて、以上のような関東軍をはじめとする日本陸軍の欧亜航空連絡およびさまざまな謀略計画について、ソ連はどのように認識し、かつそれにどのように対応しようとしたのであろうか。

ソ連は、一九二八年二月に対ソ謀略の専門家神田正種が参謀本部第二部ロシア班長若松只一大尉に宛てた「対露謀略の大綱」を入手していた。(243) また、翌一九二九年一一月にイスタンブル駐在陸軍武官の橋本欣五郎が参謀次長岡本連一郎に送った「高架索の謀略的利用」もソ連の手に落ちていた。一九三一年三月二九日に笠原幸雄がロシア課で記した「対「ソヴエト」連邦帝国国防に関する雑感」もソ連の入手するところとなった。

一九三四年三月一一日にオゲペウ副議長ヤゴダ（Genrikh G. Yagoda）は、当時トルコ駐在武官であった神田正種が東京の参謀本部に送った「ソ連に対する政治的・戦略的方策に関してムスリム諸国家を利用する可能性、および平時における必要な方策の実行に関する考察の評価」（日本語のロシア語訳から再日本語訳）なる長文の文書を入手し、スターリンに届けた。そこでは、「ヨーロッパに限定せず、あらゆる方法で政治的・戦略的方策を実行すべきであり、ある程度日本にとって望ましいのはムスリム国家の利用である」とか、「そのためにアフガニスタン、トルコ、ペルシャ、アラビア、エジプトその他への通商代表という肩書を作ることが必要である」とか、「ソ連との戦争遂行プランという観点から、ムスリムを利用することがいかに必要か、それがどれだけ実行しやすいのか明らかである」とか、「我々はソ連に対する我々の聖戦の意味をムスリムに詳しく説明し、精神的・具体的に我々を支援させるべきである」という具合に、ソ連南部接壌地域のムスリムを対ソ謀略に利用するという、神田が年来計画していた構想が一層具体的に表明されていたのである。さらに興味深いのは、この文書を入手したスターリン自身が翻訳文書の重要箇所にみずからペンでチェックを入れ、それをラーデク（Karl Radek）に送って対処方法について相談していた点である。(244)

神田正種が一九三四年四月初めに東京の参謀本部へ送った文書もソ連当局にインターセプトされている。その文書で神田は、ペルシャから極秘にソ連領内に送り込めるアゼルバイジャン人の数や、北コーカサスの状態についても触れていた。(245)

さらに、関東軍司令官菱刈隆の外務省宛て文書（一九三三年一〇月九日に『イズベスチア』に暴露）、ワルシャワ駐在武官柳田元三《げんぞう》の一九三三年七月一八日付参謀本部宛て文書、リーガ駐在武官大内孜《つとむ》、の一九三四年二月九日付参謀本部宛文書などがインターセプトされている。(246)

ソ連側は、東京に派遣していた諜報員ゾルゲ（Richard Sorge）やオランダで活動していた諜報員クリヴィツキー（Walther Krivitzky）らから日独防共協定交渉に関する情報を得ていた。一九三五年一二月二七日、タス通信は以下のようなすっぱ抜きをおこなった。(247)

ベルリン駐在日本陸軍武官と、リッベントロップおよびドイツ国防省の代表との間での日独軍事協定をめぐる交渉に関し、現在伝えられているところによれば、交渉は終わりに近づき、すでに協定の仮調印がおこなわれたといわれる。この協定の公表により関心を軍事協定から逸らすことを狙っている。

ここで「ドイツ国防省の代表」とはカナーリスを指していることは明白であろう。タス通信の報道は、したがって、交渉の進展を過大に評価しているとはいえ、交渉主体を特定するという面でも、また交渉内容を分析するという面でも、ソ連側の情報収集能力の優秀性を示したものにほかならない。

このことは、カナーリス、大島ら諜報・謀略の「プロ」を驚愕させ、その面子を失墜させるに十分であっただろう。[248]

このように、対ソ謀略の専門家神田正種や橋本欣五郎、笠原幸雄、柳田元三らの行動や彼らが発する情報、ヨーロッパにおける対ソ諜報・謀略工作の責任者大島浩らの行動や彼らが発する情報は、ソ連のエージェントによって捕捉され、その一部は直接スターリン個人にも報告されていたほか、さらには関東軍・参謀本部第二部の「防共回廊」構想にかかわる多くの情報がソ連に漏洩していたと考えてよいだろう。神田正種は、戦後の回想の中で、情報に関するソ連側の執念と、日本の防諜体制の欠陥を、以下のように述べている。まさしく日本の謀略将校たちは、スターリンの手の中で踊っていたのである。[249]

予は終戦復員直後、昭和二二年初夏に市ヶ谷国際戦犯法廷のソ連検事に呼ばれて昭和二年前述満鉄嘱託時代に作製した対極東ソ領謀略計画の全文を写真撮影したものを証拠にしてトッチメられたが、我々の防諜が如何に不十分であったかを恥じるとともに、二十年間もよく資料を保管して居た事にアキレ返った事であった。

一方ソ連は日独航空連絡計画にも気づき、激しい危機感を抱いた。たとえば一九三七年三月四日、外務人民委員リトヴィノフ（Maxim Maksimovich Litvinov）はイギリス駐在ソ連大使マイスキー（Ivan Mikhailovich Maiskii）に対し「ベルリン・カーブル間ドイツ定期航路の軍事的・政治的性格」を伝えた。この航空路計画は、リトヴィノフによれば、「アフガニスタンにおけるドイツの陰謀」なのであった。このようなドイツの動きに対し、リトヴィノフはマイスキーに、イギリスとソ連の「利益の共通性」に基づき、アフガニスタンにおけるドイツを牽制するため、英ソの連携の可能性を探るよう指示したのである。[250]また、同年三月二五日、マイスキーはリトヴィノフに対し、イランおよびアフガニスタンをめぐり、ドイツの新しい「東方への進出」("Drang nach Osten")が開始されたとの認識を示していた。[251]

一九三八年九月、スターリンは『党史小教程』の中で、「我々の敵は眠ることなく、わが国の中で何ができるか、何を爆破できるか、どのような破壊活動ができるかを知るために、ひっきりなしにわが国に新たな人員を送り込んでいるのである」と述べている。[252]もちろんここでスターリンが述べているのは日本参謀本部およびドイツ国防省防諜部の諜報・謀略工作のみに限ったわけではあるまい。しかしその活動がスターリンの懸念の一部を構成していたことは疑いがないだろう。

第七章　アフガニスタンの政治焦点化

前章で述べたような日独謀略協力および日独航空連絡を実施するためには、西進する関東軍および満洲航空と、東進するドイツ国防省防諜部およびルフトハンザが合流する地点である中央アジア、とりわけアフガニスタンが戦略的に重要性を帯びてくることになった。

アフガニスタンが第三次アフガン戦争を通じてイギリスの外交保護権から脱し、独立を達成するのは一九二〇年のことであった。日本・アフガニスタン両国はそれから一〇年後の一九三〇年一一月九日にロンドンで修好条約に調印して国交を樹立し、三年後の一九三三年に公使交換をおこなった。

日本陸軍参謀本部第二部および関東軍参謀部第二課は、すでに国交樹立以前よりアフガニスタンを中心とする中央アジアに関心を払ってきた。谷寿夫のアフガニスタン視察旅行およびその詳細な報告は、こうした日本陸軍の戦略的な関心の一端を示したものであった。さらに日本陸軍は、一九三〇年代になると、下永憲治少佐を一九三四年一月に出張させ、三六年一二月には宮崎義一少佐を初代アフガニスタン駐在武官として派遣し、アフガニスタンへの関心を強めていった。この時期、アフガニスタンは、日本の対外関係にとって、直接的な関心の対象となったのである。

しかしながら、よく知られているように、アフガニスタンは、伝統的に、北からインド方面への勢力拡張を目指すロシア（ソ連）と、帝国の拠点インドの防衛を南から確保しようとするイギリスとの間で「グレート・ゲーム」が展開された地域であった。一九三〇年代には、こうした構図に東から日本が、西からドイツが割って入る構造が生まれたのである。

本章では、こうした複雑な状況を理解するため、やや迂遠な手続きではあるが、独立前後からのアフガニスタン政治史を簡単に振り返ることから始めることとしたい。

一　アフガニスタン独立達成から一九三〇年代へ

(1)　アマヌッラーの時代

アフガニスタンは、一九世紀にイギリスとロシアが大文字の「グレート・ゲーム」を繰り広げた主要な舞台の一つであった。[253]二〇世紀に入ると、日露戦争後の一九〇七年に英露協商が成立し、イギリスが外交的保護権を掌握、アフガニスタンにおける同国の優位が定まった。しかしながら、この構図は、第一次世界大戦とロシア革命により大きく変化することとなった。

一九一九年五月、父ハビブッラーの暗殺を機にアミールを称したアマヌッラー（Amanullah）は、インドのイギリス勢力に攻撃をしかけ、第三次アフガン戦争が勃発した。この戦争の背後には、第一次世界大戦におけるインド軍の疲弊と、ボリシェヴィキ革命後のロシアの内戦状況という国際政治上の好条件に加え、国内諸部族の不満を対外戦争に転嫁するという国内政治上の考量が存在したといわれている。戦争は反撃に出たイギリスの優勢のうちに展開し、ジャララバードやカーブルは航空機による爆撃を受けさえしたが、結局両者の間では一九一九年八月八日にラワルピンディにおいて暫定講和が成立し、アフガニスタンはイギリスの外交保護から脱して独立を達成するに至った[254]。

その後アマヌッラーは国内改革を企て、トルコのケマル・パシャ（Kemal Pasha）に範を得た近代化政策・世俗化政策を追求した。しかしながら、彼が推進した急進的な教育制度改革、徴兵制度確立、税制改革、司法制度改革などの諸政策は宗教指導者や国内諸部族の反発を引き起こし、一九二〇年代半ばには部族反乱が頻発した。とくに一九二八年一一月の部族反乱は首都カーブルにおける軍隊反乱へと連動し、その後は各部族の相争う内乱状態となった。アマヌッラーは退位宣言へと追い込まれ、最後はヴィットーリオ・エマヌエーレⅢ世（Vittorio Emanuele III.）の庇護のもとにイタリアへ亡命した[255]。

(2)　ナーディル・シャーとザーヒル・シャーの時代

こうした内乱状態の中で元アフガン軍総司令官ナーディル・ハーン（Mohammad Nadir Khan）が一九二九年二月に滞在先の南仏ニースから急遽帰国し、ペシャワールから挙兵した。彼は背後でイギリスの支援も得て、一〇月にカーブルに入城、同月一五日にシャー（王）を称した。ナーディル・シャーはアマヌッラーが推進した急進的近代化政策・世俗化政策を後退させ、イスラームの教えを基本とする政策を採用したが、同時に通貨改革を実現し、銀行を創設したほか、通信・交通事情を改善し、専門家集団としての軍の再編・拡大に着手した。ナーディルの二人の弟ムハンマド・ハーシム・ハーン（Mohammed Hashim Khan）とシャー・マフムード・ハーン（Sardar Shah Mahmud Khan）が首相および陸軍大臣として体制を支えた。[256]

一九三三年一一月、ナーディル・シャーはかつての反乱種族の一員により暗殺された。あとを継いだのはナーディルの一九歳の息子ザーヒル・シャー（Zahir Schah）であった。ナーディルの二人の弟は継続して首相および陸軍大臣の責を担い、いわば実質的な摂政政治をおこなった。政権は、国民議会を通じて種族長や宗教指導者に政府での一定の役割を与え、国内的な安定と平和を実現することにある程度成功した。[257]

ナーディル・シャー、ザーヒル・シャーの政治は比較的安定したが、それでも政府はアマヌッラー派の影におびえていた。ナーディル・シャーを王位簒奪者とみなし、アマヌッラーに忠誠を誓う改革派がいまだ残存していたからである。一九三三年七月にはアマヌッラーを支持する学生がベルリン駐在公使ムハンマド・アジズ（Mohammed Aziz）を暗殺する事件が起こっている。[258]

(3)　一九二〇―三〇年代のアフガニスタンをめぐる国際関係

当時のアフガニスタンを国際関係の面から見ると、まずイギリスとは一九一九年八月に第三次アフガン戦争を終結した講和条約を締結し、外交主権を回復した。さらに一九二一年一一月には追加条約が調印され、公使、領事および陸軍武官の相互派遣、貿易の自由、関税に関する規定などを定めた。しかしながらアフガニスタン＝インド国境地域では部族紛争が絶えず、アマヌッラーは部族反乱の背後にイギリス勢力が存在すると考えたため、両国の関係はしばしば緊張をはらむものとなった。その後イギリスは、ナーディル・ハーンが支配を確立する過程で武器と財政の両面での支援をおこなったといわれ、彼のあとを継いだザーヒル・シャーもイギリスとの協調的な態度を維持した。[259]

ソヴィエト・ロシアとアフガニスタンの間では一九二一年二月に友好条約が締結され、相互の独立尊重と友好関係の樹立、公使館（陸軍武官を含む）・領事館の相互設置、関税措置、ロシアによる財政その他の支援などを約定した。他方でボリシェヴィキはブハラの王制を打倒し、ブハラ人民ソヴィエト共和国を成立させ、さらにコミンテルンの活動家をアフガニスタンに派遣して扇動・宣伝工作を開始した。両国関係は、一時期ブハラにおけるソヴィエト革命とそれに対するエンヴェル・パシャらの「バスマチ運動」の推進、さらにはアマヌッラーのエンヴェルに対する武器援助・資金援助によって緊張したが、結局赤軍による攻撃とエンヴェルの暗殺によってバスマチ運動は自然消滅に向かい、ロシア・アフガニスタン関係は修復されることとなった。[260]その後アフガニスタン空軍へのソ連の援助が開始され、さらに一九二七年一一月にはソ連・アフガニスタン航空協定が締結され、タシュケント―カーブル間に航空路が開設されるなど、親善関係が発展していった。一九二六年八月、ソ連とアフガニスタンは中立・相互不可侵条約に調印し、この条約はナーディル・シャーとの間でも継続され、ザーヒル・シャー時代にはさらに一〇年間延長することが決定された。[261]

つぎにアフガニスタンとドイツ、日本の二国間関係に目を転じよう。一九三〇年代前半、アフガニスタン政府は、国内における英ソ勢力の拡大には慎重姿勢を示し、ドイツや日本に技術援助を求める動きを示した。アフガニスタンとドイツとの間では、一九二六年三月に友好通商条約が締結された。

ナチスが権力を掌握した一九三三年を前後して、ドイツはジーメンス社による水力発電分野での支援をおこない、ルフトハンザ航空がベルリン―カーブル線の実現を目指した。さらに、アフガニスタン人はアーリア人種であるというナチスのプロパガンダも広まり、政府高官の中には親独派の勢力が拡大したといわれる。[262]

図 26　在カーブル日本公使館（尾崎三雄『日本人が見た '30 年代のアフガン』石風社、2003 年）

日本とはアマヌッラー時代から国交樹立を目指す交渉が断続的におこなわれていた。一九三〇年一一月九日にロンドンで修好条約が調印され、一九三三年に公使交換が実現した。初代日本公使は北田正元であった。日本は農業分野での専門家派遣やアフガニスタンからの留学生受け入れなど教育・技術分野での協力を開始した。[263]

また、日本陸軍は、一九三四年一月、下永憲治少佐にアフガニスタン出張を命じてアフガニスタン情勢の予備的な調査をおこなわせている。下永は、「吾人は従前より蒙古、新疆、西蔵並にアフガニスタンを貫く縦の一線、換言すれば支那辺疆の諸地方は皇国将来の発展に対し、頗る意義重大なものがあると信じ、至大の興味を有し、聊か研究を怠らなかった」と述べている。ここにも「西進」に対する関東軍謀略将校の強い関心が示されているといえよう。[264] 一九三六年一一月には、下永の予備調査を踏まえ、宮崎義一少佐が初代駐在武官としてカーブルに着任した。

ザーヒル・シャー時代のアフガニスタンでは、多国間関係の面でも注目すべき展開が見られた。第一に、一九三四年に国際連盟に加盟したことであり、第二には、一九三七年七月にトルコ、イラン、イラクと四国相互不可侵条約（サーダバード〈Saadabad〉条約）を締結したことである。こうしてアフガニスタンは、徐々に国際社会に開かれていった。[265]

以上を要するに、英露の対立を基本的な構図とするアフガニスタンをめぐる「グレート・ゲーム」は、一九一七年一一月のロシア革命により一旦は崩壊したが、第三次アフガン戦争の帰趨と、ソヴィエト連邦（一九二二年一二月成立）の「帝国」化にともない、一九二〇年代には早くも復活し、一九三〇年代半ばにはこの「グレート・ゲーム」に東西から日本とドイツが割って入るという複雑な状況が出現していたのである。しかもその過程は、タシュケント―カーブル航空路の開設やベルリン―カーブル航空路の計画などに見られるアフガニスタンの国際航空路への編入、国際連盟や多国間条約への加盟などに示されるように、アフガニスタンが国際社会へ歩を踏み出していく過程と並行していたのである。

二　アフガニスタンにおける諜報・謀略工作

(1)　宮崎義一武官の着任

宮崎義一は一八九九年に香川県で生まれた。広島地方幼年学校を経て一九一九年に中央幼年学校を卒業し、同年陸軍士官学校入学、一九二一年に卒業している（陸士三三期）。歩兵第一六連隊（新発田）付などを経て一九二八年に陸大に入学、一九三一年に卒業し、歩兵一六連隊中隊長、人事局付などを経て一九三三年五月には関東軍司令部付（黒河特務機関）で満洲に渡った。一九三四年第一二師団（久留米）参謀などを経て一九三六年少佐に昇進するとともに、参謀本部付（アフガニスタン駐在）となった。[266]

当初は八ヵ月の「出張」との名目で一九三六年九月一〇日頃に東京を発ち、インドを経てアフガニスタンに向かうことになった。[267] 陸軍当局は、以前よりアフガニスタンに公使館付の駐在武官を正式に設置する必要性を「痛感」していたが、「諸種の関係上」それが難しいため、出張の宮崎に「現地に限り」公使館付武官の待遇を与えるという便法を使うことにしたのである。[268] 宮崎の任務には、のちに明らかとなるように、対ソ謀略の実施や日独「満」航空協定のためのさまざまな準備活動が含まれていた。[269]

宮崎は、従者一名を連れて一九三六年一一月一三日にカーブルに到着した。[270] カーブル駐在日本公使北田正元は宮崎を同伴し、アフガニスタン臨時総理大臣、陸軍大臣、臨時外務大臣、文部大臣、商務大臣をはじめとする閣僚、陸軍各首脳やカーブル駐在各国大公使および武官などに彼を紹介した。また一二月一六日のアフガニスタンの祭礼において宮崎は、宮中で外交団とともに国王に拝謁する機会を得た。さらにその他の各種レセプションでは北田公使に紹介されて閣僚、両院議長、各省高官、外交団などと挨拶を交わした。総理大臣、陸軍大臣、陸軍大臣補佐、参謀総長、近衛師団長、士官学校長らとは、長時間にわたって懇談し、日本・アフガニスタン両国陸軍間の関係緊密化と任務遂行に対する特別の援助などにつき「篤と申し入れ」、さらに日本から持参した日本刀を贈呈している(271)。こうして宮崎は、ただでさえ狭いカーブルの政界、官界、軍界、外交界の中で、日本から派遣された初めての駐在武官として認知されていった。

しかしながら、こうしたプロトコル（儀典）上の「歓迎」にもかかわらず、アフガニスタン政府および軍当局の宮崎に対する実際の態度は、友好的であるとはいえなかった。そのことは、カーブル到着後二ヵ月近く経ってもアフガニスタン政府が宮崎の「家具」を「税関に抑留」し、あまつさえ「電燈電話の使用」を許可しないという事態にも現れていた(272)。家具を使わせず、電話はいうにおよばず、電燈さえ使用できないというのでは、もちろん、諜報・謀略活動を封じられたも同然であった。事実、この間、日本参謀本部は宮崎宛てに「再三」電報を送ったが、いずれも「未着」という有様であり、その状況は、宮崎を派遣した日本参謀本部でさえ「予想以上の困難、同情す」と述べるほどであった。このため参謀本部は、やむを得ず外務省およびアフガニスタン駐在北田公使経由で宮崎に「学校問題の進捗振り」を問いあわせたのである。この「学校問題」という符帳が何を示すかは明らかではないが、おそらく対ソ謀略工作など外務省にも公にできない秘密の業務だったであろう。

(2) 宮崎義一武官の諜報・謀略工作

しかしながら、宮崎は、カーブル到着後から、日本外務省およびアフガニスタン駐在日本公使館には知らせることなく、独自の謀略工作を開始していた。のちのアフガニスタン政府の言明によれば、その活動の概略は以下の如くであった。(273)

宮崎武官は着任以来多額の資金を動かし、「バザール」避難民多数を使用して当地（カーブル）を本拠に北部国境各地および「パミール」に「スパイ」網を作り、頻繁に人を往復せしめたるほか、蘇連領「トルキスタン」等攪乱の目的を以て人を集め、また旧「ブハラ」王国独立運動にも手を出すに至りたるが、不幸当国（アフガニスタン）の事情に暗きため、当地にては知らずに蘇連および英国側の密偵をも採用し（当国総理直属機関附間諜も同様侵入せり）、しかも大金を与えて重用したるため、同武官の発する指令、計画、各人の任務等は細大漏らさず右三国（イギリス・ソ連・アフガニスタン）側に筒抜けに知れ、現に自分等（アフガニスタン総理大臣および外務大臣）も逐一報告に接し居れり。之に加うるに、同武官の活動は同時に印度にも及び、「デリケート」なる印亜国境および北部印度に対し作為せられたるが、斯かる大胆のことは、実に当国さえも今まで曽て知らざる所なり。

すなわち宮崎は、着任以来、カーブルを拠点に、多額の資金を用いて避難民などを雇い入れ、とくにソ連邦に隣接する北部国境地域にスパイ網を作ろうとし、ソ連領トルキスタンでの攪乱工作や旧ブハラ王国独立計画など、さまざまな謀略工作を展開していた。当時アフガニスタンには、満洲と同様、ロシア革命から逃れてきた白系ロシア人やムスリム亡命者など多くの避難民が存在していた。宮崎は彼らを諜報・謀略工作に利用しようとしたのである。しかもそのような諜報・謀略工作は、アフガニスタン政府はもとより、ソ連およびイギリスにも筒抜けだというのであった。

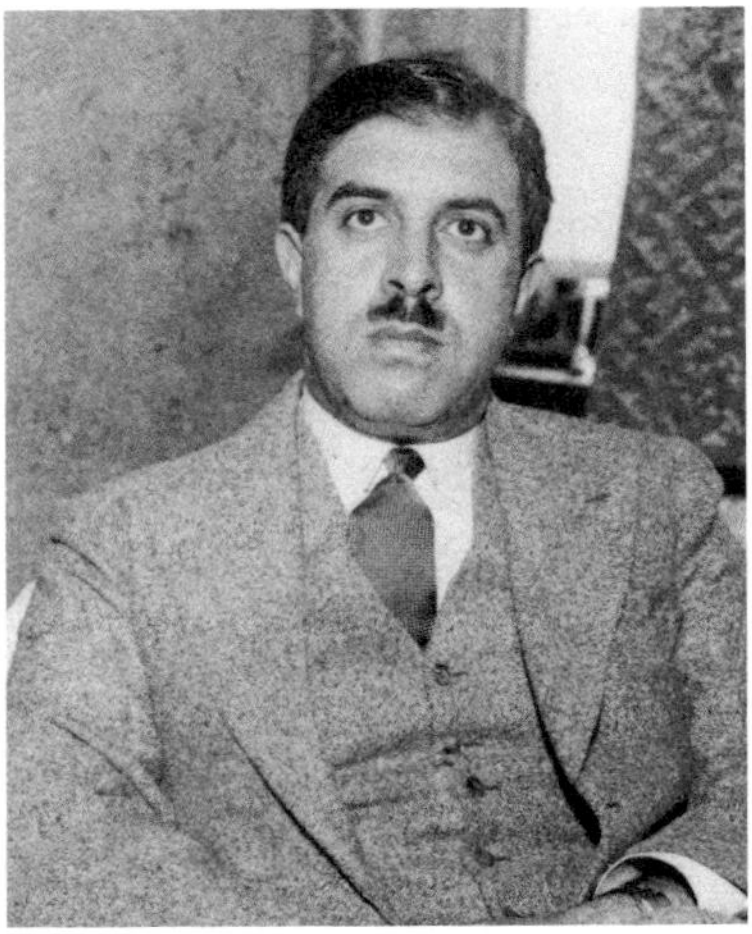

図27　アフガニスタン公使ハビブッラー・タルジー（共同通信社提供）

なお、すでに見たように、宮崎がカーブル赴任にあたり、一四年前の谷寿夫の報告書を読んだ可能性は高いだろう。そのことは、「不幸当国の事情に暗き」宮崎が、旧ブハラ王国独立運動に手を出したことからも推察されよう。谷寿夫は一九二二年の「アフガニスタン報告」で、当時アフガニスタンで亡命生活を送っていた旧ブハラ王アーリム・ハーンとの面会を報告していたのである。

さらに、当時のアフガニスタン情勢に通じていた村田昌三は、一九四一年七月に刊行された東亜研究所の報告書で、端的に、宮崎が「アマヌッラー一派の陰謀に関係あり」との嫌疑を受けていたと述べている。(274) もしこれが正しければ、宮崎は（場合によっては日本参謀本部第二部は）、ファシスト・イ

タリアの庇護のもとローマにあった前王アマヌッラーの復辟とアフガニスタン現王朝の打倒を計画していたことになる。(275)

このような宮崎の大胆な謀略工作を知ったアフガニスタン政府は驚愕した。一九三七年六月半ば、本国外務省からの訓令を受けた日本駐在アフガニスタン公使ハビブッラー・タルジー（Habibullah Khan Tarzi）は、急遽広田弘毅外務大臣と会見して事情を説明し、善処方を求めたのである。(276)この宮崎事件は、その後、日中戦争が勃発すると、日本・アフガニスタン関係を大きく揺るがし、国交断絶の可能性をもはらんだ重大な政治危機に発展することになる。

第八章　日中戦争の勃発とユーラシア諜報・謀略協力の挫折

日本参謀本部第二部および関東軍参謀部第二課と、ドイツ国防省防諜部は、一九三七年五月に日独防共協定の附属協定としての情報交換協定および謀略協定を締結し、近東、中央アジア地域での諜報・謀略協力を推進するとともに、一九四一年までに対ソ戦争の準備を整えることとした。さらに、そのような諜報・謀略工作のいわばインフラストラクチャーの整備のため、参謀本部第二部・関東軍参謀部第二課および満洲航空は、ドイツ航空省およびルフトハンザを相手として、ヨーロッパ、バルカン、近東、中央アジア、新疆、甘粛、綏遠、「満洲国」などソ連南部に接壌するユーラシア全域を航空路で結ぶことを目的とした日独「満」航空協定に調印し、日本政府もこの協定をドイツとの国家間条約に格上げして実施する姿勢を示したのである。

日本参謀本部第二部および関東軍参謀部第二課は、そのため、綏遠事件に象徴される暴力的「西進」政策を推進し、さらにオチナの特務機関および飛行場の強化を目指した。また、ドイツ航空省およびルフトハンザも、アフガニスタン政府と交渉し、ベルリン—カーブル線の定期航路化を目指し、カーブルに気象観測専門家を派遣した。さらにルフトハンザは、カーブルからワハーン回廊へ向かう途中に位置するアンジュマン峠に気象観測所を設置するとともに、日独「満」航空協定に調印したガ

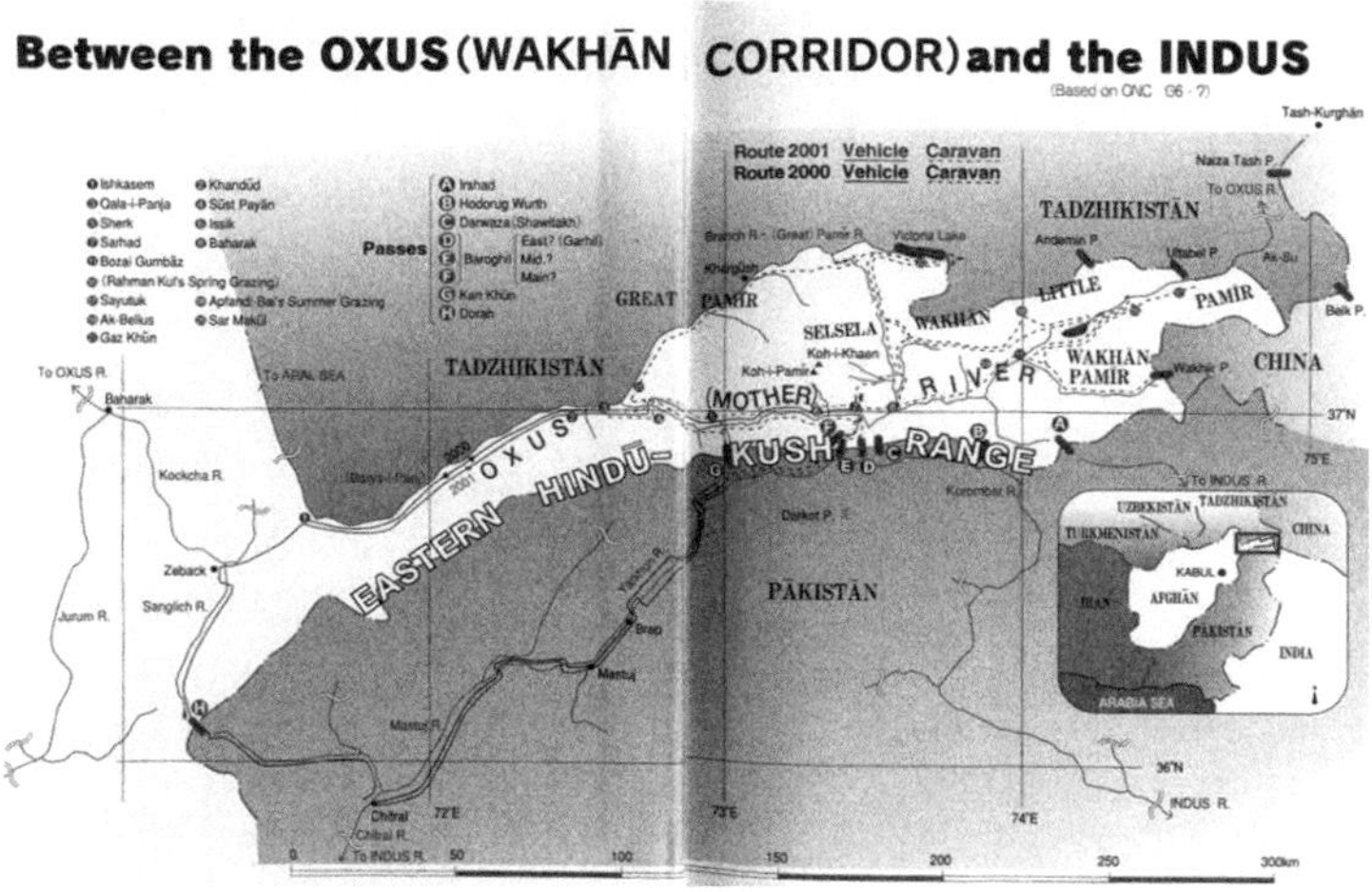

図 28　ワハーン回廊（平位剛『禁断のアフガーニスターン・パミール紀行―ワハーン回廊の山・湖・人』ナカニシヤ出版、2003 年）

ーブレンツ自身がカーブルからワハーン回廊を越えて新疆に向かう高高度航空路の開拓を目指した。

しかしながら、こうしたユーラシア航空路の開拓には、蔣介石および中国国民政府の強硬な反対、新疆における盛世才政権とその背後にあるソ連の動向、アフガニスタン政府の慎重姿勢、アフガニスタンに重大な戦略的関心を有する英ソ両国の動向など、多くの政治的な困難が立ちはだかっていた。

こうしたさまざまな政治的困難は、一九三七年七月七日の日中戦争の勃発を契機に一挙に噴出し、日本参謀本部第二部および関東軍参謀部第二課の進めるユーラシア課報・謀略工作は一つの重大な転機を迎えることになる。

一　日中戦争下の日本とドイツ

(1) 国民政府による「恵通航空公司」の非合法化

一九三六年一〇月一七日に堀内干城天津総領事と冀察政務委員会との間で締結された「日支航空協定」およびそれに基づく恵通航空公司の創設は、南京国民政府を強く刺激した。同年一二月、『大公報』など中国各紙は、「およそ各省市の対外協商および外国人との合資条款について、中央の審査、許可を経ざるものは一律無効とする」との国民政府の「訓令」を報道した。さらに国民政府は、翌一九三七年五月一三日、冀察政務委員会に対して「日支航空協定」は無効である、との決定を伝えた。恵通航空公司は、中国国民政府により、事実上非合法化されたのである。(277) 満洲航空の華北・欧亜連絡計画および日独「満」航空協定は重大な政治的困難に直面した。

関東軍参謀部の焦燥は深かった。関東軍参謀長東条英機は、一九三七年七月七日、陸軍次官梅津美治郎に電報を発し、「残るは唯航空路設定問題のみ」ではあるが、「予定の如く来年三月より定期航空を実施」するためには、航空路設定に関する中国国民政府との外交交渉は「少なくも本年一一月迄には全部完了しあるを絶対必要とする」ので、外務省当局に「一大督促を加えられ度」と発破をかけたのである。

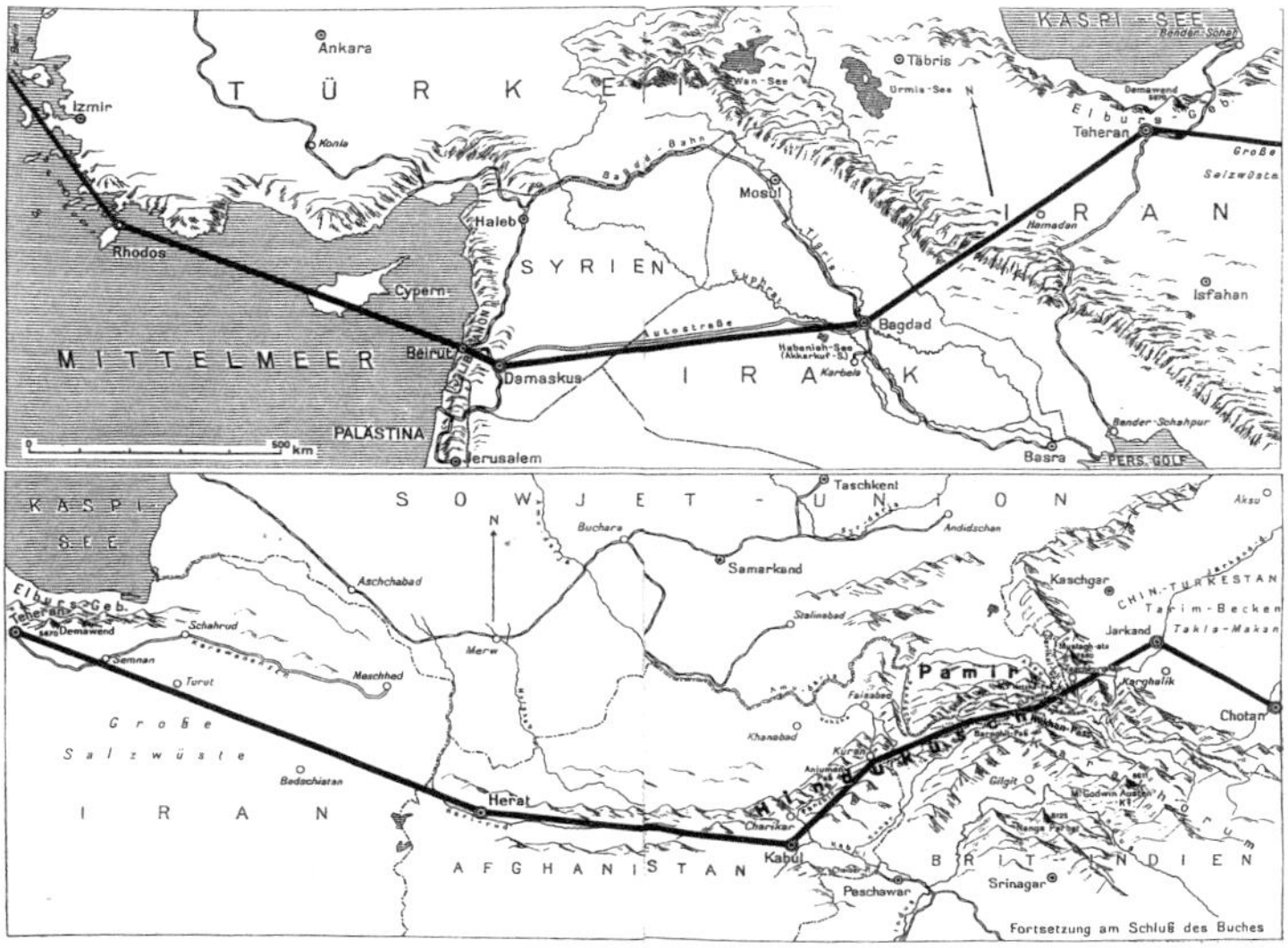

図 29　ガーブレンツの航空路（Karl August Freiherr von Gablenz, *Pamirflug*, München 2002）

(2) 日中戦争の勃発

同じ七月七日、盧溝橋事件が勃発し、やがて日中両国は全面戦争に突入していった。これにより日独両国の防共協力および欧亜航空連絡協力は新たな局面を迎えた。

中国国民政府航空委員会は、以前より中国航空公司と欧亜航空公司にたいして徴用計画を立てていたが、一九三七年八月に欧亜航空機二機を軍事輸送にあたる航空運輸隊に組織した（アメリカ資本が入る中国航空公司は徴用を拒否[278]）。

一方、八月一四日、ルフトハンザのガーブレンツはみずからユンカース五二型機を繰ってベルリンのテンペルホーフ空港を飛び立ち、ロードス、ダマスカス、バグダード、テヘランに立ち寄りながらカーブルに到着した。その後八月二四日、北にパミー

図30　パミール飛翔（Karl August Freiherr von Gablenz, *Pamirflug*, München 2002）

ル高原、南にヒンズークシ山脈をあおぐ最難関ワハーン回廊を横切り、標高四九二三メートルのワフジール峠を越えて中国領に入る厳しい試験飛行に成功した。中国領では、欧亜航空公司の施設を利用し、甘粛省の安西および粛州を経て西安に到着した。しかしながらガーブレンツは帰途、八月末に新疆のホータン（和田）付近で不時着を余儀なくされ、地方軍閥馬西麟将軍の下で四週間にわたり拘留されたのである。[279] この試験飛行により、東西三〇〇キロ、南北の狭いところでは一〇キロにも満たないワハーン回廊を航空技術的に乗り越える展望は開けたが、日中戦争下の条件の下でこのルートは政治的には実行不可能となった。

このころ、三〇〇頭のラクダにガソリンを満載してオチナに向かっていた満洲航空の第二次ガソリン輸送隊は、広大な砂漠の中で消息不明となった。安西付近で中国側の捕虜となり、粛州から蘭州に護送され、九月に同地で満洲航空社員を含む日本人メンバー一三人全員が処刑されたと伝えられている。[280]

日本軍はその後一九三七年一〇月に傀儡政権「蒙古連盟自治政府」を、一一月には「蒙疆連合委員会」を樹立したが、その支配は新疆まではおよぶことがなかった。

二　宮崎義一武官の追放

(1)　日中戦争の衝撃とアフガニスタン政府

日中戦争勃発の政治的衝撃は、中央アジアにもただちに波及し、アフガニスタン政府の態度はより強硬なものとなった。同年八月初旬、避暑で軽井沢に滞在していたアフガニスタン公使ハビブッラー・タルジーはふたたび本国政府からの「緊急の電報」を受け取り、恐慌に陥った。電報の中でアフガニスタン外務省は、日本政府が宮崎問題を処理し、日本・アフガニスタン両国の「友好関係」から「大きな障害」を除去するよう強く求め、「もし日本政府がこの問題をただちに処理しなければ、アフガニスタン政府はフリーハンドを行使せざるを得ず、それは両国にとって好ましくない結果となろう」と述べたのである。これをうけてハビブッラー・タルジーは軽井沢から広田弘毅に「緊急」の電報を送り、この問題に責任を持つ当局の確定的な返答を「可及的速やかに知らせるよう」強く求めたのである。こうして、宮崎義一武官の問題は、日本・アフガニスタン関係を著しく緊張させることとなった。

一〇日後の八月一四日、ハビブッラー・タルジー公使は本国外務省からさらなる督促電報を受け取った。それによれば、アフガニスタン政府は、「これ以上陸軍武官が当地に残留するのは非常に危険」とみなし、もし宮崎が九月中に解任されなければ、わが国は「いかなる責任もとれない」と強く日本政府に訴えたのである。ハビブッラー・タルジー公使はただちに電報で広田弘毅に本国政府の意向を伝えた。[281]

日本外務省は、参謀本部と「篤と協議」した結果、「事情止むを得ざるもの」と認め、アフガニスタン政府の申し入れを受け入れ、九月末までに宮崎を解任し、代わりに土屋武官を新たに任命する旨をアフガニスタン公使に伝えたのである。[282] 宮崎に謀略工作を指示し、これを承知していた参謀本部は、事態がここまでに至った以上、宮崎をかばいきれないと判断したのであろう。

しかしながら、宮崎に代えて新しい駐在武官を任命するという日本政府および参謀本部の方針は、アフガニスタン外務大臣ファイーズ・ムハンマド（Faiz Muhammad）を満足させなかった。なぜならアフガニスタンは、ソ連とイギリスという二つの隣国の好意を得るために「注意を払わざるを得ないような状況」にあり、日本陸軍の駐在武官の存在は、英ソ両国の「猜疑心」を引き起こすからというのであった。このためアフガニスタン外務省は、新任武官の任命をしばらく見合わせるよう、日本政府に「嘆願的口調で」求めたのである。アフガニスタン公使ハビブッラー・タルジーは、つぎのように広田弘毅に泣きつく有様であった。

私は一方で本国政府の訓令を執行しなければならないが、他方で私は非常に親切で友好的な日本政府の歓心を得るため全力を尽くしたい。いずれにせよこの問題では、私は選択肢を持たず、非

常に無力な状態にある。(283)

これに対し広田弘毅は、ことさらにアフガニスタンを苦境に追い込むつもりはないが、今回のアフガニスタンの要求は「如何にも常軌を逸しおり到底容認困難なり」と判断し、さらに「本件は推移如何によりては国交にも関する問題」であるとの緊張感を抱いた。宮崎武官の謀略工作の実態に不案内な広田としては、アフガニスタン政府の強硬な態度を理解することができなかったのである。このため広田は九月一三日、カーブル駐在北田公使に対し、「元来武官の駐在が阿国の立場に斯かる重大なる影響を及ぼすものとは想像し難し」として「いかなる事情によりて斯かる申出をなすに至れるものなりや」を詳細に報告するよう訓令を発したのである。(284)

北田はさっそくこの訓令を執行し、アフガニスタン総理大臣ムハンマド・ハーシム・ハーン、外務大臣ファイーズ・ムハンマドから「極秘内話」として、先に見たような宮崎の謀略活動の実態を知らされるに至った。その際アフガニスタン側から、つぎのような抗議を受けたのである。

近来当国〔アフガニスタン〕と英蘇両国の国交は支障勝ちにて、右両国は当国政府が宮崎武官の活動を黙過するは自国に対する非友好的行動なりと為し、先般来蘇連の態度は著しく変化し軋轢を増し居るに加え、英印側は報復の意味にて密に国境「トライブ」を扇動し現王朝反対運動をさえ起こさしむるに至れり。当国としては蘇連は深く意とせざるも、同時に英国との国交迄も害するは堪え難きを以て、已むを得ず今回の申し入れを為せるものにして、殊に当国の最も遺憾とするは本事件に依りて日本側の当地武官派遣の内部目的及其の任務の内容が詳細に英蘇両国に知れ衝動を起こしたることにて、今日の状態にては、仮令宮崎武官去らるるとも、後任者続いて駐在さるるに於ては両国側の恐怖、疑惑は依然存続すべく、国交上の障碍も容易に除去せられざるべし。

すなわちアフガニスタン政府は、宮崎義一の行動の詳細がイギリスとソ連に伝えられたことにより、両国が「衝動」を起こし、アフガニスタン政府に「堪え難き」政治的圧力を加えてきたというのである。

これをうけて北田公使は、広田外相に対し、宮崎事件によりアフガニスタンが外交上窮地に陥っていることも事実であり、アフガニスタン政府がこうした申し入れをするのは「よくよくのこと」なので、この際日本としては「雅量を以て問題を適当に解決せらるるの他致し方なかるべし」と、日本側の譲歩を求めたのである。(285)

日本外務省はこの電報を受けて、アフガニスタン総理大臣および外務大臣の内話なるものは「甚だ大袈裟なり」と考え、また参謀本部も、外務省に対しては立前上「到底納得し難し」との態度を示した。その上で広田は、アフガニスタン政府のこうした態度は「甚だ穏当を欠くもの」であり「我方の深く不満とするところ」なので、北田に対し、「至急」アフガニスタン外務大臣と会談し、宮崎は「何等謀略的任務を有せず、又同人が斯る策謀に従事せる事なし」と伝えるよう指示した。さらに後任者問題にしても、北田に対し、日本・アフガニスタン関係の「大局」に鑑み、後任武官の赴任を可能とするよう「厳重御折衝の上結果電報ありたし」と伝えた。(286)

また、日本の参謀本部も、日本外務省に対し、「年配にして温和なる性格の後任者〔土屋〕を選定、出発を準備」させている上、「迷惑を及ぼすと疑わるるが如き態度は苟も之を為さざる如く〔土屋に〕厳重戒めあるを以て」速かに入国許可を与えるよう交渉せよと伝えたのである。(287) 参謀本部は、宮崎の謀略の詳細を承知しつつも、それをいわば宮崎の「若気の至り」の結果と言いつのって事態を乗り切ろうと試みた訳である。しかしながら、このような言い訳がアフガニスタン政府に通じるはずもなかった。

北田公使は、宮崎とも打ち合わせの上、九月二三日にアフガニスタン外務大臣ファイーズ・ムハンマドと面会した。そのときファイーズ・ムハンマドは、最近ソ連がメルプ駐在アフガニスタン領事を追放し、テルメズおよびタシュケントなどで現在五〇名ほどのアフガニスタン商人を監禁した事実を北田に伝えた。ソ連はその理由として「当地日本武官の手先たる疑」をあげているというのであった。その上でアフガニスタン側は、たとえ宮崎を解任したとしても、新たに日本武官を受け入れるのでは、英ソ両国は「到底安心せざるべく」と述べ、「窮余の私案」として、在デリー日本陸軍武官をしばらくアフガニスタン兼任とする案を提案したのである。(288)

(2) 参謀本部第二部の焦燥

その間、日本参謀本部および宮崎義一は、アフガニスタン問題でいくつかの動きを示した。第一に、宮崎は、一〇月五日、こうした事件の渦中であるにもかかわらず、突如アフガニスタン北部バーミヤンへの旅行を敢行した。この旅行の目的は明らかではないが、この旅行のため、アフガニスタン政府の感情は「一層悪化」したのである。[289] 第二に、テヘラン駐在日本陸軍武官福地春男少佐が、アフガニスタン政府への十分な説明もないまま、九月二六日にカーブル入りし、宮崎義一宅で連日「善後処理」「事務引継ぎ」をおこなっていたのである。アフガニスタン政府は、福地の入国を後任武官派遣と捉え、それに「圧迫」を加えることとなった。第三に、「他の用務」と称しつつ、満洲航空の樋口正治がアフガニスタンに急遽入国してきた。[290] しかも樋口は、入国後六ヵ月の滞在許可を得たといいつつ、「知らぬ間に宮崎武官宅へ移転」したのである。これにはさすがの北田公使も、樋口に「注意ありたる」有様となった。アフガニスタン政府は、こうした事態の推移に対し、当然のことながら「嫌疑」をかけ、福地に「成る可く速かに印度経由退去を要請」したのである。[291] すなわちこの時カーブルでは、宮崎、福地という二人の日本陸軍武官が駐在武官宅で謀議を進めており、しかもこうした謀議には満洲航空の樋口正治までが加わっていたのである。[292] さらに第四に、日本参謀本部は、宮崎の出国（一九三七年一〇月七日）後、今度は小池龍二少佐をアフガニスタンに入国させようと計画していた。当時の日本参謀本部のアフガニスタンに対する執着には、極めて大きなものがあったといわなければならない。しかし、「驚くべく神経過敏」（北田の表現）となったアフガニスタン政府は、当然のことながら、小池に対しても「入国無き様」申し入れてきたのである。[293]

こうした事態は、日本・アフガニスタン関係を極度に緊張させることとなった。宮崎自身の表現によれば、「目下当国外務省は異常なる興奮状態にあり」、アフガニスタン政府は「既に常軌を逸しある」というのであった。

一方北田公使は、駐在武官問題に関連するアフガニスタン国内の情勢は「目下頗る急迫せる」との判断から、宮崎のバーミヤン旅行中、福地少佐と「篤と相談」するに至った。その結果、日本・アフガニスタン関係の「大局上」、この際福地は参謀本部の命令を仰いだ上、「速かに帰還するの他方法なし」との認識で一致した。[294] さらに北田は、「一同相談の上」、樋口もアフガニスタンを出国してイランに赴くことを「得策」とし、その旨を外務省に上申したのである。[295]

この北田の提案を受けて、日本参謀本部は北田・福地宛の訓令案を外務省に提案した。参謀本部によれば、福地や樋口に対するアフガニスタン政府の扱いは「帝国に対する侮辱にして日「ア」両国の親善上遺憾」であるというのであった。しかしながら参謀本部は、両国関係の極度の緊張に配慮し、「自主的見地」により福地をテヘランに帰任させることとし、また、「当方の決定に基き」、デリーまたはテヘラン駐在武官にカーブル駐在武官を兼務させることとした。[296] 日本参謀本部は、福地・樋口の出国をあくまで自主的な判断とした上で、デリーまたはテヘラン駐在武官をカーブル兼任にすべしというアフガニスタン政府の要請を受け入れることにしたわけである。

結局、宮崎は一〇月七日にカーブルを出発してムンバイ経由で帰国の途に就いた。[297] また、参謀本部は、一〇月一〇日、福地にもテヘランへの帰任を指示することとなった。さらに日本外務省は、宮崎の後任問題についても、「阿国政府の申出もある事ゆえ」、「当分の便法」として、デリーないしテヘラン駐在武官にカーブル駐在武官を兼務させることとするが、「能う限り速に」後任武官の入国取り計らい方をアフガニスタン外務省に申し入れるよう北田に指示したのである。[298]

この指示に基づき北田は、アフガニスタン外務省に対し、福地少佐問題および樋口問題は「何れも不当の措置にして日阿両国の親善上遺憾なり」と申し入れた[299]。一方アフガニスタン外務省政務総局長も、北田に対し、元来宮崎武官事件は「もし他国が相手ならば当然国交を断絶すべき所」ではあるが、日本が相手なので、「万難を排し穏忍を重ねたるものなることは篤とご了解相成度き旨」を伝えた。こうして日本・アフガニスタン両国は、宮崎武官事件に関し、いわば政治決着を図ったのである[300]。

(3)　参謀本部第二部の屈辱

宮崎義一の諜報・謀略工作の実態がソ連・イギリス・アフガニスタン政府にすべて補足されていたとの事態は、日本参謀本部第二部に激しい衝撃をもたらした。彼らにとって、宮崎の行動がどの程度漏洩していたのかは、今後ソヴィエト南部接壌地域での諜報・謀略活動を推進する上でも、極めて重大な関心事となった。とはいえ、諜報・謀略工作についてはあくまで「しら」を切り続けるのが外交の世界の鉄則である。日本側にとって、アフガニスタン側に宮崎の諜報・謀略工作の漏洩状況について問い合わせるのは、危険なことであり、また屈辱的なものでもあったに違いない。しかしながら、参謀本部第二部は、その屈辱を押してでも、情報漏洩の実態を調査しなければならないとの衝動にかられた。こうして参謀本部第二部は、福地武官を通じて北田公使に対し、アフガニスタン側に探りを入れるよう要請したのである。

一〇月九日、アフガニスタン外務大臣ファイーズ・ムハンマドは北田と面会し、上述のような政治決着の内容を確認するとともに、「目下英蘇は本件に関連し極力当国を圧迫中」であり、実際同日ソ連代理大使がアフガニスタン外務省を訪れて三時間にもわたり「厳談」したことを伝えた。宮崎問題でソ連政府はアフガニスタン政府に重大な外交的圧力を加えてきたのである。

この会談で北田は、福地武官の要請にしたがって、ファイーズ・ムハンマドに対し、宮崎武官の行動が「如何なる程度に英蘇側に知れ居るや」と尋ねた。これに対しアフガニスタン外務大臣は、以下の如くあけすけに答えたのである。

宮崎武官は対蘇関係に付ては殆ど公然と、対印関係に付ては隠れて行動せられたるが、其の全部は大部の報告となりて当国の手元にあり、英蘇側も之と全く同程度に知り尽くし居る。

「全く同程度」という表現からは、宮崎武官問題に関し、アフガニスタン政府がイギリスおよびソ連と情報を共有し合っていたことが推測されよう。

また、二日後の一〇月一一日にもファイーズ・ムハンマドは外務次官同席の上、再度北田を接受したが、その場においてアフガニスタン側はさらに詳細に宮崎の行動について北田に伝えたのである。それは「宮崎武官が各地にて使用せる関係者全体の人名（英蘇側間諜各二名あり）、各自に対する金銭支給高を始め諜報其の他の目的、組織、指令等」におよび、それらは「悉く英蘇阿三国側の知る所」であるというのであった。(301)

ただし、その際アフガニスタン外務大臣が宮崎の行動のすべてを日本側に伝えたと考えるなら、それはおそらく誤りであろう。他国の諜報・謀略活動の実態について暴露することは、他面、自国の防諜能力や諜報活動の情報源を開示することにほかならないからである。アフガニスタン側があえて触れなかったもっとも大きな問題は、宮崎とアマヌッラー派との接触の問題であっただろう。それは、もちろんアフガニスタン現政権の転覆計画にもつながるような重大な機微に触れるものであり、ファイーズ・ムハンマドがどんなに承知していようとも口にはできないタブーであった。

⑷　日本の対アフガニスタン外交の破綻

その後北田はテヘラン帰任前の福地武官と会談し、後任武官問題の確認については「交渉するは時機にあらず」との認識で一致した。その問題については「暫く落着く迄待つ」ことにしたわけである。さらに北田は、日独航空連絡の問題については、みずからイラン、イラクに出張して「事情を内探」し、今後の対イラン、イラク、アフガニスタン交渉の方針を関係者とともに協議することとしたのである。日本参謀本部による宮崎、福地、小池、樋口らのアフガニスタン派遣計画には、対ソ謀略工作とともに、日独「満」航空協定の実施準備があったことが明らかである。こうした参謀本部第二部の工作がすべて破綻したため、北田公使がそれを代行することになったわけである。

一九三八年二月一日、広田弘毅外務大臣は、ソ連駐在日本大使重光葵《しげみつまもる》の依頼により、日本・アフガニスタン関係の現状について「極秘」の報告をモスクワに送った。そこではアフガンからの留学生受け入れ、日本からの農業専門家・土木専門家の派遣、三井物産を代表とする民間通商交渉、無線電信協力の現状などが説明されたのち、日独航空連絡計画について、「日独航空連絡計画あり、「ア」国を経由する予定にて独逸側より交渉中なり、我方よりもいずれ開談の筈なるも未だ其の程度に達し居らず」と述べられていた。また宮崎武官追放事件についても、「客年一〇月初旬同武官を引揚げしめたり、尚後任の駐在に付極力交渉せるも結局当分見合す外なきに至れり」と述べられていた。[302] 広田外相は重光大使に対し、日独航空連絡の問題も、宮崎の後任武官派遣の問題も、まったく進展が見られないことを認めたのである。

二ヵ月後の一九三八年四月五日、桑原鶴《くわばらつる》アフガニスタン駐在日本臨時代理公使は、日中戦争勃発を境としたアフガニスタンをめぐる国際情勢について本省に報告している。そこではつぎのように述べられていた。[303]

当国の地位は日支事変に依りて全く一変せり。事変前にありては英蘇両国と当国との関係未だ非常に緊張しおらざりし為、我国としては蘇連邦の新疆方面の活動を監視し傍、蘇連邦内部の情勢を探る為、当国と親交を結び之が助力を求むるの余地存せしも、現在となりては国際情勢は余りに深刻化し過ぎたり。各種情勢より判断するに、我方の大陸政策遂行の為に当国を利用することは極めて困難となりたると言わざるを得ず。

こうして、駐在武官派遣を通じ、「大陸政策」の延長として、アフガニスタンで対ソ謀略工作と日独航空連絡計画を推進しようとした日本参謀本部の画策は、日中戦争勃発による国際関係の緊張と、宮崎自身の謀略工作の失敗により、大きな挫折を味わうに至った。

三　日独謀略協力・航空協力の顚末

(1) 日独両軍間協定の成立と日独諜報・謀略協力

一九三八年一〇月八日、日本陸軍参謀本部とドイツ国防軍最高司令部は、ソ連を対象とする「情報交換および謀略に関する日独両軍取極」に調印した(304)。この協定は前文で「一九三六年一一月二五日の日独防共協定の精神」に基づくとされ、日独防共協定からの派生協定であることが明記されていた。第一条では「両軍は「ソ」軍及び「ソ」連邦に関する軍情報を交換す」とされ、第二条では「両軍は「ソ」連邦に対する防衛工作を協力して行う」と規定されていた(305)。大島とカナーリスの間での申し合わせであった一九三七年五月の協定は、こうして、日独両軍間の正式の協定となり、大島は駐独日本陸軍武官としての課題を成し遂げた。調印の翌日、大島は、当時の慣行としては異例ではあったが、駐独陸軍武官から駐独大使へと転出した。

大島・カナーリス協定や日独両軍取極に基づく日独両軍の諜報・謀略協力の実態については、ことの性質上、必ずしも十分に追跡することができないが、限られた史料の中で若干の例を紹介しておこう。

第一にあげたいのは、リシュコフ亡命事件に対する対応である。一九三八年六月三〇日、「満洲国」とソ連の国境を一人のソ連人が越境し、亡命を求めてくるという事件が発生した。極東内務人民委員部長官リュシコフ（Genrik S. Lyushkov）の亡命事件である。ソ連の高官の亡命では、トロツキーの亡命につぐといわれた。日本側はさっそく現地でリュシコフを尋問し、さらにその後彼を東京に移送して参謀本部第二部第五課のロシア問題専門家甲谷悦雄《こうたにえつお》少佐らによる尋問を本格化させた。東京で日本側は、カナーリスとの協定に基づき、東京駐在ドイツ陸軍武官代理ショル中佐にリュシコフの尋問に立ち会う便宜を与えている[306]。

さらに八月五日には「防諜部の特別任務」を帯びたドイツ国防省防諜部のロシア問題専門家グライリング（Greiling）大佐が日本に到着し、ショルとともに「日本から提供されたロシアGPU将軍リュシコフの広範な尋問調書の検討」にあたった。しかもグライリングとショルには、日本側尋問調書の検討後、二日間におよぶリュシコフへの直接的な尋問の機会が二度与えられることになった。ショルによれば、その際注目すべきはリュシコフに対する「日本側の巧妙な態度」であった。すなわちその時日本陸軍は、「彼を捕虜ではなく将軍として扱い」、しかも「彼とともにスターリン体制の破壊のために準備をおこなっている」有様であった。

尋問後の九月半ば、グライリングは、追跡調査のため「満洲国」に足を伸ばしているが、その旅行は彼にとって非常に益のあるものであったとされる。さらに、グライリングの訪満後、ショルが一〇月に四週間にわたる「満洲国」での追跡調査を実施し、グライリングの成果をさらに確認することになる。日独防共協定および大島・カナーリス協定がなければ考えられない厚遇といえよう[307]。

第二は、ウクライナ反ソ運動をめぐる大島浩とドイツ国防省防諜部との関係である。一九三九年一

図31　グロースクルト（Helmuth Groscurth, *Tagebücher eines Abwehroffiziers 1938–1940*, Stuttgart: Deutsche Verlags-Anstalt, 1970）

月一日、カナーリス主催の晩餐会がおこなわれたが（一月一日はカナーリスの誕生日であった）、その際大島は、防諜部第二課（サボタージュおよび破壊工作担当）の課長グロースクルト（Helmuth Groscurth）大佐と「長く興味深い会談」をし、亡命ウクライナ反ソ運動家スコロパツキーと「改めて連絡が取れた」ことに「夢中になっている」有様であった。スコロパツキーは、すでに見たように、ウクライナからの亡命貴族で、ドイツにあって反ソ運動を続けていた。一九三三年のナチ体制成立後に謀略工作の準備のためヨーロッパを訪問していた田中新一大佐もスコロパツキーへの接触を試みている。

一九三八年一一月の在ソ連日本大使館による『対「ソ」政策参考資料 第三輯「ウクライナ」問題』によれば、当時のスコロパツキーとドイツとの関係は以下の如くであった。(308)

スコロパツキー派は「ウクライナ」人民「カザック」団体を組織し伯林にあり、露西亜人の覊絆下にあるを問題とせず「ソヴィエト」政権打倒を主眼とす。「スコロパツキー」は一九一八年「ウクライナ・デルジャワ」政府樹立当時より独逸の援助を受け居り、本年一月ごろ一九一八年当時の「スコロパツキー」と独逸の条約（物資供給に関するもの？）が復活せられたる等、最近の独逸の動向に関連し両者間に密接なる連絡生まれたりと伝えらる。

このようなドイツとスコロパツキー派との新たな関係強化の中で大島は、ヨーロッパにおける反ソヴィエト諜報・謀略工作の可能な協力者としてスコロパツキー派に接近したのであった。このころのグロースクルトの日記には大島浩や馬奈木敬信大佐の名前が頻繁に登場している。大島浩およびベルリン駐在日本陸軍武官府とドイツ国防省防諜部・カナーリスとの間での緊密な協力関係の証左であろう。

以上のリュシコフの事例、スコロパツキー派の事例以外では、大島浩が極東国際軍事裁判の国際検察局の尋問において、諜報・謀略工作についてみずから語っている若干の例が注目される。一つは、ベルリン駐在日本陸軍武官府が直接おこなった活動である。大島や馬奈木、臼井茂樹らは、コーカサス生まれのバマード（Bamard）と称するロシア人を主たる情報源および工作員として雇用していたほか、ベルリン郊外ファルケンゼーに偽名で土地を購入し、反ソ諜報・謀略工作の拠点として使用した。そこでは反ソビラを印刷し、バマードらを通じてロシア内部に送ったという。さらに第二に、武官府は複数のロシア人を、国境を越えてロシア領内に派遣したという。[309]

(2)　大島・リッベントロップ交換公文

日中戦争勃発後、ドイツでは、航空省も外務省も、日独「満」航空協定の正式調印は困難に陥ったという判断を示した。[310] また、ドイツ駐在日本大使館も、日独「満」航空協定締結への意欲を急速に後退させた。外務大臣ノイラート（Constantin H. K. Freiherr von Neurath）との会談で駐独大使武者小路公共は、一度は航空協定協議の継続のため大使館員をドイツ外務省に派遣すると述べていたが、一九三七年一〇月初頭の時点でその約束は果たされないまま放置された。(311)

他方ヒトラーと駐英大使リッベントロップは、日中戦争の長期化にもかかわらず、政府間の日独「満」航空協定の締結をさらに追求する姿勢を示した。すなわち一九三七年一〇月八日、リッベントロップは外務次官マッケンゼン（Hans-Gerog von Mackensen）に、「いかなる困難をも顧みず、可及的速やかに日独航空協定を成立させるように」というヒトラーの「命令」を伝えたのである。リッベントロップによれば、ヒトラーも彼自身も、「日本の対独信用を保持するという上位の利益から見れば、なお多くの困難があろうとも、日独航空協定の即時締結が必要である」というのであった。しかしながらマッケンゼンは、「総統の命令は無前提に実行可能か、あるいは実行困難なのか」との疑問を呈し、あからさまにヒトラーの命令への難色を示した。結局ヒトラーとリッベントロップも、おそらく外務大臣ノイラートの説得もあり、いま日独「満」航空協定を政府間で締結するのは困難だという判断に傾くことになる。(312)ヒトラーとリッベントロップの対日積極政策にもかかわらず、彼らは日中戦争の現実になす術もなかった。

他方大島浩は、宮崎義一追放によって大きな衝撃を受けつつ、翌一九三八年七月五日、航空協定の締結はしばらく見合わせなければならないと認めたが、やがて「日本が新疆に治安を打ち立てる」時にそれは可能となるだろうとの希望的観測を示した。しかしもちろん、その見込みは当面まったく立たなかった[313]。

大島とリッベントロップは、中国の抗戦の継続によって中央アジアルートを通じた欧亜航空連絡が不可能となり、面目丸つぶれとなった。一九三八年一一月二四日、事態を弥縫《びほう》するため、リッベントロップ（一九三八年二月四日より外務大臣）と大島（一九三八年一〇月九日より駐独大使）は、㈠欧亜定期航空路設立に関するルフトハンザと国際航空株式会社の間での協定、㈡東アジアにおける共同の航空運輸に関するルフトハンザと恵通航空公司の間での協定、という二つの協定を締結させ、さらにそれら二つの協定を両国政府が承認する旨の交換公文に調印した。ただし、その交換公文には「二つの協定に予定されている航空運輸が開始されるまで、二つの協定を秘密にしておくこと、また二つの協定については報道機関に一切伝えないこと」という合意が記されていた。この交換公文は、たんにルフトハンザの東アジアでの関与を秘密にしておくという趣旨だけではなく、合意が公になった場合にその非現実性が露わとなることへの恐れからも発していたといえよう[314]。

(3)　ヒムラー覚書と「スターリン暗殺計画」

一九三九年一月三一日、大島浩はナチス・ドイツの秘密警察長官ヒムラーと会談した。その内容を記したヒムラーの覚書には、つぎのように書かれていた[315]。重要な覚書なので、やや長いが全文を引用しておこう。

私は本日大島将軍と面会し、以下のような会談をおこなった。

一　総統の演説はすばらしく[316]、すべての面で精神的な基礎づけがなされていた、と彼は述べた。

図32　ヒムラー（Deutsches Historisches Museum, Berlin. Inv. Nr.: F 60/1237）

二　われわれは日独伊三国の条約締結により強固な結びつきを達成できると話した[317]。彼はドイツ国防省防諜部と協力し、コーカサスから発しウクライナを経てロシアへと至る謀略工作を長期的に推進している。この組織は戦時に有効な働きをするだろう。

三　彼はさらに、一〇人のロシア人に爆弾を持たせてコーカサス国境を越境させることに成功したと述べた。このロシア人たちは、スターリンを暗殺する任務を帯びていた。さらに一連のロシア人を同じように派遣したが、国境で射殺されてしまった。

四　その後われわれは回教徒運動について話題にした。大島は、一人の日本人将校がアフガニスタンで活動していたが、アフガニスタン政府を転覆しようとしたとの嫌疑をかけられ、追放されてしまった、と語った。私は、アフガニスタンにはドイツの警察将校も一人駐在しているので、もし日本がもう一度人員を派遣するならば、日独両国は素晴らしい協力ができるだろう、と述べた。

五　大島が極秘に語ったところによれば、彼は偽名でファルケンゼーに土地を取得した。そこで六人のロシア人を雇用し、パンフレットを書かせて印刷し、小さな風船で風に乗せてポーランドからロシアへ向けて飛ばした。大島がロシア国内から得た情報と証拠によれば、パンフレットは無事に到達し、民衆はそれをたいへん熱心に回し読みしているという。

六　大島は、ルーマニアから黒海を経由してクリミア半島にビラを運ぶため、モーターボートを購入した。しかしこの計画は去年の秋に失敗したので、今年の夏にまた試みるつもりだという。

この覚書は、一九四六年九月二四日、タヴェナー（Frank S. Tavenner, Jr.）検事により極東国際軍事裁判の法廷に提出された。すなわち、このヒムラーの覚書によれば、大島は、ベルリン近郊ファルケンゼーを拠点に、ドイツ国防省防諜部と協力しつつ、ポーランド、ウクライナ、ルーマニア、コーカサス、アフガニスタンなどソ連邦西部・南部接壌地域において、反ソビラの配布からテロリストの派遣、スターリン暗殺計画に至るまでのさまざまな謀略・破壊活動をおこなっていたというのである。この覚書の内容は、当時日本の各新聞による裁判報道によって、世間にも知られることとなった[318]。

大島は、極東国際軍事裁判に先立つ一九四六年三月五日の検察の取調において、ファルケンゼーでの土地購入やビラの印刷、風船での運搬、白系ロシア人の雇用やテロ訓練などについて、それが事実であることを認めていた[319]。大島が主張する「アフガニスタン駐在武官追放事件」も、本書が検討したように、当時の日本参謀本部とドイツ国防省防諜部が推進していたユーラシア課報・謀略工作の一環に位置づけることができよう。事件は確かに存在していたのである。

しかしながら、検察尋問においてもまた極東国際軍事裁判の法廷においても、大島は、「ヒムラー覚書」の三点目、すなわちスターリン暗殺計画についてだけは、「当時自分は大使の地位にあった」という理由で、一切否定した。スターリン暗殺計画への関与を認めれば、特命全権大使による外国元首への国家テロ計画が明らかとなり、「帝国日本」の一大汚点になるばかりか、連合国、とりわけソ連の政治的態度の硬化による自身への死刑判決さえあり得たから、この否認は大島にとっては死活的であっただろう。

だが、本書での検討により、「ヒムラー覚書」が歴史学的な証拠能力および証明力を有することは、かなりの程度明らかにされたと思われる。大島の他の謀略工作を確認しておきながら、「スターリン暗殺計画」だけが歴史的に存在しなかったと主張することは、いっそう困難になったといわなければならない。

終章　ユーラシア諜報・謀略協力体制の終焉

日独両軍間のユーラシア諜報・謀略協力関係は、一九三九年夏に突然の終焉を迎えることになる。その第一の要因は、一九三九年五月一二日にノモンハンで開かれた「満洲国」軍・関東軍およびモンゴル人民共和国軍・ソ連軍との間での戦端と、そこから派生したノモンハン事件であった。この軍事紛争では、日本側が七月に何度かの攻撃を仕掛けて失敗したのち、八月二〇日にソ連側の総攻撃が始まり、日本軍第二三師団は壊滅的な損害を被ったのである。このことは、ソ連側と日本側の軍事力の圧倒的な差を関東軍に見せつけた。日本陸軍と関東軍は、すでに三八年末から三九年にかけて、対ソ戦略計画である「八号作戦計画」を検討し、ソ連に対する東と西からの正面戦を想定したが、実際には、すでにノモンハン事件が始まる前から、この想定は破綻していた。すなわち「八号作戦計画」では、とくに開戦と同時に西正面に主たる攻勢をかける案が検討されたが、それに必要な軍備を準備するのは当時の日本の国力を前提とすればほぼ不可能と判断されていた。ノモンハンでの敗北は、こうした判断をさらに加速し、「八号作戦計画」がふたたび取り上げられることはなかったのである。(320)

正面作戦でさえその有様であるから、彼ら関東軍は、いままで進めてきた「西進」政策、とりわけ新疆・中央アジアでの拠点建設・傀儡政権樹立やそこでの対ソ謀略工作が、何らの実現性・実効性を

図 33　ノモンハン事件

持たないことを悟らざるを得なかった。関東軍は、一九三九年八月二七日に起草した文書の中で、「外蒙並びに新疆省方面に於ける「ソ連」の既成勢力、また中央亜細亜方面より南に向う「ソ」連の進出を黙認す」との新たな方針を表明し、新疆・中央アジアへの進出および拠点建設、さらにはそこでの対ソ謀略工作をさしあたり放棄せざるを得なかったのである(321)。

日独両軍間のユーラシア諜報・謀略協力関係終焉の第二の要因は、いうまでもなく、一九三九年八月二三日に締結された独ソ不可侵条約であった。この条約が大島大使および日本陸軍に与えた政治的衝撃は極めて甚大であった。一九三九年八月二四日、ベルリン駐在日本陸軍武官府で対ソ謀略を担当していた馬奈木敬信大佐は、ドイツ国防省防諜部の対ソ謀略担当者グロースクルト大佐に対し、独ソ不可侵条約に関する「強い不快感」を示し、「防共協定全体は効力を失った」と吐き捨てるように語った(322)。ここに述べられた「防共協定全体」とは、たんな

図 34　独ソ不可侵条約の調印（Deutsches Historisches Museum, Berlin, Inv.-Nr.: Hoffmann 39137/6a）

るイデオロギー協定としての日独防共協定それ自体のみではなく、本書で見たような、いわば「日独防共協定体制」とも呼びうる日独ユーラシア諜報・謀略協力関係の総体を意味していたのである。

もちろん、一九三九年九月以降も、国際条約としての日独防共協定は存続し、一九四五年五月八日のドイツの敗北により日本側から破棄されるまで有効であった。しかもその間、加盟国は、むしろ増加さえした。すでに一九三七年一一月にイタリアが早々に日独防共協定に原加盟国の資格で参加し、一九三九年にはハンガリー、「満洲国」、スペインが加盟した。ヨーロッパにおける第二次世界大戦勃発後、ブルガリア、フィンランド、ルーマニア、スロヴァキア、南京「国民政府」（汪兆銘政権）、クロアチア、ドイツ占領下のデンマークが加入している[323]。しかし

図35　植田謙吉

ながら、独ソ不可侵条約調印以降、日独防共協定に基づく対ソ軍事協力体制が崩壊したことにより、防共協定は、ほとんど条約としての実質的な意味を失ったといえよう。

独ソ不可侵条約の締結とノモンハン事件での敗北は、対ソ正面戦争論＝北進論はいうにおよばず、日本参謀本部の推進してきた対ソ謀略工作＝「西進」政策が著しく困難になったことを明瞭に示していた。そのことは、「北進」政策と「西進」政策を進めていた当の関東軍や参謀本部の内部にも方向転換を生み出した。たとえば植田謙吉関東軍司令官は一九三九年八月二七日、「「ノモンハン」方面の「ソ」軍に対し徹底的打撃を与えつつ他面独逸、伊太利を利用して「ソ」連より休戦を提議せしむると共に、速やかに日「ソ」不可侵条約を締結し、更に進みて日独伊「ソ」の対英同盟を結成し東洋における英国勢力を根本的に芟除」すべきであると述べていた[324]。ソ連はもはや敵とは見なされず、むしろイギリス勢力を仮想敵とした日独伊ソ四国同盟を結成すべきだというのである。いままでの関東軍の対ソ好戦主義を知る者にとって、以前とは一八〇度異なるこの対ソ敗北主義には実に驚くべきものがある。ノモンハン事件と独ソ不可侵条約は、日本参謀本部第二部および関東軍参謀部第二課が二〇年以上にわたって営々と積み上げてきた成果のすべてを無に帰せしめたのである。

「北進」にも「西進」にも展望を失った日本参謀本部および関東軍は、その後、右に見た植田謙吉のように、徐々にではあるが、「南進」に新たな膨張のまなざしを向け始めるのであった。

注

（1）一八九〇年から一九四五年にかけての日独政治外交関係の概略については、田嶋信雄「総説一　東アジア国際関係のなかの日独関係――外交と戦略」工藤章・田嶋信雄編『日独関係史　一八九〇―一九四五』第一巻、東京大学出版会（二〇〇八年）、三―七五頁を参照。また、日独交流史編纂委員会編『日独交流一五〇年の軌跡』雄松堂書店（二〇一三年）も日独関係一五〇年のさまざまなテーマについて有益な論文を掲載している。

（2）Johanna Menzell Meskill, *Hitler & Japan: the Hollow Alliance*, New York: Atherton Press, 1966.

（3）Gerhard Krebs, *Japans Deutschlandpolitik 1935-1941*, Hamburg: Gesellschaft für Natur- und Völkerkunde Ostasiens. 1984 は数少ない例外の一つである。ただしクレープスは日本の政治中枢（政府・陸海軍）内部での対ドイツ政策の決定過程に焦点を絞っており、本書が重視する関東軍の動向にはほとんど関心を払っていない。

（4）三宅正樹『日独伊三国同盟の研究』南窓社（一九七五年）。同『ユーラシア外交史研究』河出書房新社（二〇〇〇年）。Wolfgang Michalka, *Ribbentrop und die deutsche Weltpolitik 1933-1940*, München: Wilhelm Fink Verlag, 1980.

（5）Bernd Martin, „Die deutsch-japanischen Beziehungen während des Dritten Reiches", in: Manfred Hunke (Hrsg.), *Hitler, Deutschland und die Mächte*, Düsseldorf: Droste, 1978, S. 454-470.

（6）田嶋信雄「日独防共協定像の再構成――ドイツ側の政治過程を中心に（一）（二・完）」『成城法学』第二四号（一九八七年）、一三九―一八八頁、同二五号（一九八八年）、一〇五―一四二頁。

（7）酒井哲哉「日本外交におけるソ連観の変遷（一九二三―三七）――日本外交史の枠組の再検討」『國家學會雑誌』第九七巻三・四号（一九八四年）、二九四―三二四頁。

（8）井上寿一『危機のなかの協調外交』山川出版社（一九九四年）。
（9）森久男『日本陸軍と内蒙工作』講談社（二〇〇九年）。
（10）芳井研一「華北分離工作の背景」新潟大学人文学部『人文科学研究』第七一輯（一九八七年）、一—二七頁。
（11）安井三吉『柳条湖事件から盧溝橋事件へ——一九三〇年代華北をめぐる日中の対抗』研文出版（二〇〇三年）。
（12）内田尚孝『華北事変の研究』汲古書院（二〇〇六年）。同「冀察政務委員会の対日交渉と現地日本軍——「防共協定」締結問題と「冀東防共自治政府」解消問題を中心に」『近きに在りて』第五一号（二〇〇七年）、九一—一〇四頁。同「冀察政務委員会と華北経済をめぐる日中関係」同志社大学『言語文化』一五—二（二〇一三年）、一三七—一六二頁。
（13）光田剛『中国国民政府期の華北政治　一九二八—三七年』御茶の水書房（二〇〇七年）。
（14）Sven Saaler/J. Victor Koschmann (eds.), *Pan-Asianism in Modern Japanese History*, London: Routledge, 2007.
（15）坂本勉編著『日中戦争とイスラーム——満蒙・アジア地域における統治・懐柔政策』慶應義塾大学出版会（二〇〇八年）。
（16）松浦正孝『「大東亜戦争」はなぜ起きたのか』名古屋大学出版会（二〇一〇年）。
（17）松浦正孝編『昭和・アジア主義の実像』ミネルヴァ書房（二〇〇七年）。同編『アジア主義は何を語るのか』ミネルヴァ書房（二〇一三年）。
（18）臼杵陽『大川周明——イスラームと天皇のはざまで』青土社（二〇一〇年）。
（19）長谷川雄一編『アジア主義思想と現代』慶應義塾大学出版会（二〇一四年）。
（20）なお、最近、こうした流れの中で、本書に近い問題意識に立った以下の著作が注目される。シナン・レヴェント『戦前期・戦中期における日本の「ユーラシア政策」——トゥーラン主義・「回教政策」・反ソ反共運動の視点から』早稲田大学出版部（二〇一四年）。

（21）日独防共協定を日本のイスラーム政策の中に位置づける必要性について山内昌之氏から、また、日本の「西進」とドイツの「東漸」の関連づけについて加藤陽子氏から、それぞれ貴重なご教示を得た。山内昌之「日独防共協定と中東謀略工作」『本の旅人』六月号（二〇〇〇年）、七〇―七三頁。加藤陽子「となりのシガク2　日独関係の相互イメージ」『UP』第四六〇号（二〇一一年）、五一―五六頁。なお、以下では、史料上ないし文脈上、日本について「西進」ないし「西漸」、ドイツについて「東進」ないし「東漸」という言葉を使っているが、意味するところは同じである。

（22）島田俊彦・稲葉正夫解説『現代史資料（八）日中戦争（一）』みすず書房（一九六四年）。

（23）角田順解説『現代史資料（一〇）日中戦争（三）』みすず書房（一九六四年）。

（24）ドムチョクドンロプ（森久男訳）『徳王自伝』岩波書店（一九九四年）。

（25）国際検察局（粟谷憲太郎・吉田裕編集・解説）『国際検察局（IPS）尋問調書』第三三巻（Oshima Hiroshi）、日本図書センター（一九九三年）。同第四一巻（Eugen Ott, et al.）、日本図書センター（一九九三年）。

（26）中国国民党中央委員会党史委員会『中華民国重要史料初編――対日抗戦時期』緒編（三）（一九八一年）。

（27）秦孝儀（総編集）『総統　蔣公大事長編初稿』台北：出版社記述なし（第九巻より財団法人中正文教基金会）（一九七八年―）。

（28）『蔣介石総統檔案　事略稿本（三八）民国二五年八月（下）至一〇月（上）』台北・国史館（二〇一〇年）。

（29）防衛省防衛研究所戦史室所蔵大島浩談話テープ。読売新聞社編『昭和史の天皇』第二〇巻、読売新聞社（一九七二年）など。三宅正樹『日独伊三国同盟の研究』南窓社（一九七五年）、三七―三八頁も参照。

（30）村上勝彦「隣邦軍事密偵と兵要地誌」陸軍参謀本部編『朝鮮地誌略』一、龍渓書舎（一九八一年）、解題。桂太郎については、小林道彦『桂太郎――予が生命は政治である』ミネルヴァ書房（二〇〇六年）。千葉功『桂太郎――外に帝国主義、内に立憲主義』中央公論新社（二〇一二年）を参照。

（31）「参謀本部歴史草案一四（資料）」（明治二四年一〜二月）、防衛省防衛研究所（JACAR〈アジア歴史資料センター〉Ref. C15120033900）。坂本勉「山岡光太郎のメッカ巡礼とアブデュルレシト・イブラヒム」池井優・坂本勉編『近代日本とトルコ世界』勁草書房（一九九九年）、一五七—二一七頁。

（32）坂本同右。島貫重節『福島安正と単騎シベリア横断』上下、原書房（一九七九年）。

（33）外務省政務局長山鹿円次郎宛林出賢次郎「清朝伊犁地方視察復命書」（明治四〇年七月六日）外務省外交史料館（JACAR: B03050331300）。ほかに、波多野養作「新疆視察復命書」（一九〇七年八月印刷）外務省外交史料館（JACAR: B02130295900）。桜井好孝「蒙古辺境復命書」（一九〇七年一月）外務省外交史料館（JACAR: B03050331800）。

（34）「黄禍論」については、Heinz Gollwitzer, *Die Gelbe Gefahr*, Göttingen: Vandenhoeck & Ruprecht, 1962. 邦訳、ハインツ・ゴルヴィッツァー、瀬野文教訳『黄禍論とは何か』草思社（一九九九年）。飯倉章『イエロー・ペリルの神話』彩流社（二〇〇四年）。同『黄禍論と日本人』中央公論新社（二〇一三年）を参照。

（35）ロルフ＝ハラルド・ヴィッピヒ「日清・日露戦争とドイツ」工藤章・田嶋信雄編『日独関係史　一八九〇—一九四五　総説／東アジアにおける邂逅』第一巻、東京大学出版会（二〇〇八年）、一二九—一八三頁。

（36）同右、一六四頁。Arco an Bülow, 11. August 1904, Randbemerkung Wilhelm II, *Große Politik der europäischen Kabinette 1871–1914*, Bd. 19, Dok. Nr. 6057, S. 210–212.

（37）ヴィッピヒ同右、一六二頁。

（38）稲葉千晴『明石工作——謀略の日露戦争』丸善ライブラリー（一九九五年）、二〇八頁。

（39）同右。

（40）稲葉千晴『バルチック艦隊ヲ捕捉セヨ』成文社（二〇一六年）、八三—八四頁。

（41）稲葉前掲注（38）書、二〇八頁。

（42）稲葉前掲注（40）書。

(43) 同右、四五―四九頁。
(44) 同右。
(45) 小池求『二〇世紀初頭の清朝とドイツ――多元的国際環境下の双方向性』勁草書房（二〇一五年）。
(46) バグダード鉄道建設計画については、杉原達『オリエントへの道――ドイツ帝国主義の社会史』藤原書店（一九九〇年）。Sean McMeekin, *The Berlin-Baghdad Express. The Ottman Empire and Germany's Bid for World Power 1898-1918*, London: Penguin Books 2010. を参照。
(47) 杉原同右、二七六―二八五頁。
(48) 「皇帝旅行に示されたオリエント侵出思想の社会史的考察」杉原達『オリエントへの道――ドイツ帝国主義の社会史』藤原書店（一九九〇年）、一九一―二七四頁。「ダマスカス演説」は二〇三頁。
(49) 宇都宮の中東政策構想については、島田大輔「明治末期日本における対中東政策構想――宇都宮太郎「日土関係意見書」を中心に」『政治経済史学』第五七八号（二〇一五年二月）、二七―六一頁を参照。宇都宮とアジア主義については、松浦前掲注（16）書、一四〇―一五二頁を参照。
(50) 西山克典『ロシア革命と東方辺境地域――「帝国」秩序からの自立を求めて』北海道大学出版会（二〇〇二年）。
(51) 坂本前掲注（31）論文、一五七―二一七頁。小松久男『イブラヒム、日本への旅――ロシア・オスマン帝国・日本』刀水書房（二〇〇八年）。三沢伸生「日本におけるイスラーム主義とアジア主義の交錯――イブラヒムと亜細亜協会」松浦正孝編『アジア主義は何を語るのか』ミネルヴァ書房（二〇一三年）。アブデュルレシト・イブラヒム（小松香織・久男訳）『ジャポンヤ――イブラヒムの明治日本探訪記』岩波書店（二〇一三年）を参照。
(52) 小松同右。坂本同右、一五七―二一七頁。アブデュルレシト・イブラヒム（小松香織・久男訳）同右。三沢同右、四九七―五一六頁。
(53) フリッツ・フィッシャー（村瀬興雄監訳）『世界強国への道――ドイツの挑戦、一九一四―一九一八年』I、岩波

書店、一九七二年、一五二―一五九頁。Hans-Ulrich Seidt, *Berlin, Kabul, Moskau. Oskar Ritter von Niedermayer und Deutschlands Geopolitik*, München: Herbig, 2002; Alexander Will, *Kein Griff nach der Weltmacht. Geheime Dienste und Propaganda im deutsch-österreichisch-türkischen Bündnis 1914–1918*, Köln: Böhlau, 2012.

（54）第一次世界大戦とオスマン帝国については、藤波伸嘉「オスマン帝国と「長い」第一次世界大戦」池田嘉郎編『第一次世界大戦と帝国の遺産』山川出版社（二〇一四年）、一九一―二一八頁を参照。エンヴェル・パシャについては、山内昌之『納得しなかった男――エンヴェル・パシャ、中東から中央アジアへ』岩波書店（一九九九年）、三五―四四頁を参照。ドイツと「ジハード」の関係については、Herbert Landolin Müller, *Islam, gihad* (*“Heiliger Krieg”*) *und Deutsches Reich. Ein Nachspiel zur Weltpolitik im Maghreb 1914–1918*, Frankfurt am Main: Peter Lang, 1991. を参照。

（55）以上オッペンハイムについては、Hans-Ulrich Seidt, *Berlin, Kabul, Moskau. Oskar Ritter von Niedermayer und Deuschlands Geopolitik*, München: R. Ordenbourg 2002. を参照。

（56）Ibid. メフメト・タラートについては、山内前掲注（54）書、とくに五九七―五九八頁を参照。

（57）Ein Bericht Hentig an den Reichskanzler von Bethmann-Hollweg, 21. Juni 1917, in: Werner Otto von Hentig, *Von Kabul nach Shanghai. Bericht über die Afghanistan-Mission 1915/16 und die Rüchkehr über das Dach der Welt und durch die Wüsten Chinas*, Konstanz: Libelle 2003, S. 255–262. バラカトゥッラーについては、小松前掲注（51）書、八八―八九頁、一二七―一三〇頁。山内昌之『スルタンガリエフの夢』岩波書店（二〇〇九年）、三七二―三七三頁を参照。

（58）Ein Bericht Hentig an den Reichskanzler von Bethmann-Hollweg, 21. Juni 1917, 同右。

（59）プラタープについては、中島岳志『中村屋のボース――インド独立運動と近代日本のアジア主義』白水社（二〇〇五年）。同「R・M・プラタープと近代日本のアジア主義」『国際政治』一四六号（二〇〇六年）、五四―六九頁。松浦正孝「汎アジア主義における「インド要因」――日本帝国経済再編とディアスポラによる反英の論理」同『「大東亜戦争」はなぜ起きたのか――汎アジア主義の政治経済史』名古屋大学出版会（二〇一〇年）、二三四―二七二頁を参照。

(60) ヘンティッヒは一九一六年五月二一日から同年一二月二五日までの間、比較的詳細な旅行日記をつけている。Werner Otto von Hentig, 前掲注（58）書 S. 97-249.

(61)「欧州戦争関係独墺ノ陰謀及連合国ノ独探取締関係雑件」外務省外交史料館（JACAR: B07090877600）。中国側の文書が何らかの形で日本外務省の入手するところとなったようである。

(62) 田嶋信雄「孫文の「中独ソ三国連合」構想と日本 一九一七―一九二四年――「連ソ」路線および「大アジア主義」再考」服部龍二編『戦間期の東アジア国際政治』中央大学出版部（二〇〇七年）。

(63)「欧洲戦争ノ際独国人ノ東清鉄道破壊計画一件（鞏衛団組織）」外務省外交史料館（JACAR: B07090649100）。田嶋信雄「グローバルな戦争とローカルな反乱――第一次世界大戦期ドイツの対ロシア後方攪乱・煽動工作と「満蒙独立運動」」小澤正人編『歴史認識のグローカル研究』成城大学グローカル研究センター（二〇一六年）、一一七―一三〇頁。

(64) 田嶋前掲注（63）論文、一一七―一三〇頁。中見立夫『「満蒙問題」の歴史的構図』東京大学出版会（二〇一三年）。

(65) Hans Babl, *Der Tod in der Steppe. Die Kriegstaten des Hauptmanns Rabe von Pappenheim*, Braunschweig: Georg Westermann (o. D.).

(66) 宮村三郎『林銑十郎――その生涯と信条』上、原書房（一九七二年）、五六六頁。http://fusensha.ocnk.net/product/3254（二〇一六年一〇月四日閲覧）。

(67) 林銑十郎については、とくに松浦前掲注（16）書に詳しい。

(68) 小林道彦「世界大戦と大陸政策の変容 一九一四―一九一六年」『歴史学研究』六五六号（一九九四年）、一〇頁。

田嶋前掲注（1）論文、一七頁。

(69) サーラ・スヴェン「日独関係における陸軍」工藤章・田嶋信雄編『日独関係史 一八九〇―一九四五』第一巻、東京大学出版会（二〇〇八年）、二〇一頁から再引用。

(70) 細谷千博『シベリア出兵の史的研究』有斐閣（一九五五年）。原暉之『シベリア出兵――革命と干渉 一九一七―一九二二』筑摩書房（一九八九年）。井竿富雄『初期シベリア出兵の研究――「新しき救世軍」構想の登場と展開』九州大学出版会（二〇〇三年）。麻田雅文『シベリア出兵――近代日本の忘れられた七年戦争』中央公論新社（二〇一六年）。

(71) 「露国革命一件／出兵関係／英米仏トノ交渉 第一巻」外務省外交史料館（JACAR: B03051186600）。

(72) 戦間期の日ソ関係については、富田武『戦間期の日ソ関係 一九一七―一九三七』岩波書店（二〇一〇年）をとくに参照のこと。

(73) 外務省編『日本外交年表並主要文書』下、原書房（一九六五年）、四四一―四四四頁。

(74) 「諜報機関配置の件」大正七年「密大日記 四冊の内二」防衛省防衛研究所（JACAR: C03022435700）。

(75) 長峰秀雄「軍人のシルクロード旅行」『軍事史学』第九八号、一九八九年、四三―五六頁。寺山恭輔『スターリンと新疆 一九三一―一九四九年』社会評論社（二〇一五年）、二〇九頁。第一次世界大戦期・シベリア出兵期における日本陸軍の中国大陸での秘密測量体制については、小林茂『外邦図――帝国日本のアジア地図』中央公論新社（二〇一一年）、一七九―一九六頁を参照。

(76) 「意見具申　中東方面情報収集機関の配置と印度駐箚武官たる地位の将来」外務省外交史料館（JACAR: B06150026600）。本史料について、関根正男氏のご教示を得た。

(77) 山内前掲注（54）書、四三五頁。

(78) 谷寿夫「阿富汗斯坦国視察報告」（上原勇作参謀総長宛、大正一一年一二月、外務省外交史料館各国関係雑纂／

「アフガニスタン国」の部、1-6-1-4_6'JACAR: B03050306700)。
(79) 富田前掲注(72)書、二六八―二六九頁。「A級極東国際軍事裁判記録(和文)」国立公文書館(JACAR: A08071279300)。
(80) 田々宮英太郎『橋本欣五郎一代』芙蓉書房(一九八二年)、二一九頁、二二二頁。なお、戦間期の日本とコーカサスの関係、とりわけ日本陸軍のコーカサスに関する謀略計画については、Hiroaki Kuromiya & Georges Mamoulia, "Anti-Russian and Anti-Soviet Subversion: The Caucasian-Japanese Nexus, 1904-1945, *Europe-Asia Studies*, Vol. 61, No. 8, October 2009, pp. 1415-1440. が詳しい。
(81) 戦間期の日本=ポーランド軍事協力関係については、エヴァ・パワシュ=ルトコフスカ/アンジェイ・T・ロメル(柴理子訳)『日本・ポーランド関係史』彩流社(二〇〇九年)が詳しい。
(82) 国立公文書館、勲00679100(JACAR: A10113064200)。
(83) 粟屋憲太郎・竹内桂編集・解説『対ソ情報戦資料 第二巻 関東軍関係資料(二)』現代史料出版(一九九九年)、七〇六頁、六九一頁。JACAR: A03023724400。
(84) 粟屋憲太郎・竹内桂編集・解説『対ソ情報戦資料 第一巻 関東軍関係資料(一)』現代史料出版(一九九九年)、二三四―二三九頁。
(85) 「在外公館附武官任免関係雑纂 第二巻」外務省外交史料館(JACAR: B14090834500)。
(86) 粟屋・竹内前掲注(83)書、六八四頁。
(87) 松室孝良「蒙古国建設に関する意見」島田俊彦・稲葉正夫解説『現代史資料(八)日中戦争(一)』みすず書房(一九六四年)、四四九―四六三頁。松室孝良については、松浦前掲注(16)書、四四四頁ほかに詳しい。
(88) 松井忠雄『内蒙三国志』原書房(一九六六年)、一四頁。
(89) 神田正種『情報任務に関する回想』防衛省防衛研究所図書室、三三頁。

郵便はがき

料金受取人払郵便

本郷局承認

9711

差出有効期間
平成30年7月
31日まで

113-8790

251

東京都文京区本郷7丁目2番8号

吉川弘文館 行

愛読者カード

本書をお買い上げいただきまして、まことにありがとうございました。このハガキを、小社へのご意見またはご注文にご利用下さい。

お買上**書名**

＊本書に関するご感想、ご批判をお聞かせ下さい。

＊出版を希望するテーマ・執筆者名をお聞かせ下さい。

お買上
書店名　　区市町　　書店

◆新刊情報はホームページで　http://www.yoshikawa-k.co.jp/

◆ご注文、ご意見については　E-mail:sales@yoshikawa-k.co.jp

ふりがな ご氏名	年齢　　　歳	男・女
〒 □□□-□□□□ ご住所	電話	
ご職業	所属学会等	
ご購読 新聞名	ご購読 雑誌名	

今後、吉川弘文館の「新刊案内」等をお送りいたします(年に数回を予定)。
ご承諾いただける方は右の□の中に✓をご記入ください。 □

注 文 書

月　　日

書　　名	定　価	部　数
	円	部
	円	部
	円	部
	円	部
	円	部

配本は、○印を付けた方法にして下さい。

イ. 下記書店へ配本して下さい。
(直接書店にお渡し下さい)

(書店・取次帖合印)

書店様へ＝書店帖合印を捺印下さい。

ロ. 直接送本して下さい。
代金（書籍代＋送料・手数料）は、お届けの際に現品と引換えにお支払下さい。送料・手数料は、書籍代計 1,500 円未満 530 円、1,500 円以上 230 円です（いずれも税込）。

＊お急ぎのご注文には電話、FAXもご利用ください。
電話 03－3813－9151(代)
FAX 03－3812－3544

吉川弘文館 新刊ご案内

〒113-0033・東京都文京区本郷７丁目２番８号　振替 00100-5-244（表示価格は税別です）
電話 03-3813-9151（代表）　ＦＡＸ 03-3812-3544　http://www.yoshikawa-k.co.jp/

2017年１月

生産力・経済力・軍事力…。東国の繁栄と独自性の源はここにあった！
歴史学・考古学から迫る新しい地域像！

古代の東国 全3巻

四六判・平均三〇〇頁・原色口絵四頁　各二八〇〇円

刊行開始

❶前方後円墳と東国社会 古墳時代

若狭　徹著

なぜ関東各地に多くの前方後円墳が造られ、独自の文化が生まれたのか。古墳の立地・形態・規模・出土品などから、当時の社会のあり方や変化、朝鮮半島との交流、豪族たちの実像を読み解き、東国古墳社会の実態に迫る。　本文三〇〇頁

❷坂東の成立 飛鳥・奈良時代

川尻秋生著

卓越した軍事力を誇った坂東は、ヤマト王権から特殊な位置づけを与えられ、征夷や防人の拠点となった。飛鳥・奈良時代の東国を、古代人の信仰や交通・交流、東北との関係から多面的に蘇らせ、新しい地域像を提示する。　本文三〇四頁

続刊

❸覚醒する〈関東〉 平安時代……荒井秀規著

『内容案内』送呈

Art History of the Imperial Court

政治、宗教、そして造形、
天皇の力のありようを美術作品から照らし出す！

『内容案内』送呈

天皇の美術史

全6巻
1月刊行開始

〈企画編集委員 五十音順〉
五十嵐公一・伊藤大輔・塩谷 純・髙岸 輝・野口 剛・増記隆介

A5判・平均二五〇頁
原色口絵四頁
各三五〇〇円

今日まで伝わる絵画、彫刻や工芸品。古来、時の天皇はこれら美術作品のパトロネージに大きく関与してきた。古代王権の確立から院政期、武家政権の時代を経て近代皇室にいたるまで。日本の美術史における天皇の役割を、作品の精査と史料の分析によって探り出し、美術と社会との関わりを通史的に俯瞰する。新たな文化史を構築する画期的シリーズ。

●第1回配本

②治天のまなざし、王朝美の再構築

鎌倉・南北朝時代

伊藤大輔
加須屋誠 著

鎌倉～南北朝期の美術史を、視覚の在り方＝「まなざし」の力学から考察し深化させる。絵巻物や肖像画を軸とした院政期美術を再検討、未解明の十四世紀美術史を体系的に把握。研究の最前線を切り開く、新たな中世美術論。
本文二二〇頁予定

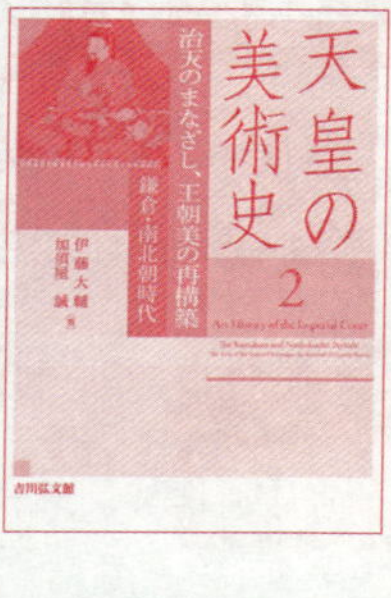

演出された権力、荘厳された権威

●続刊　書名は変更になる場合がございます

❶古代国家と仏教美術　奈良・平安時代
増記隆介・川瀬由照・皿井　舞・佐々木守俊著
〈6月刊行予定〉

❸乱世の王権と美術戦略　室町・戦国時代
髙岸　輝・黒田　智著
〈3月刊行予定〉

❹雅の近世、花開く宮廷絵画　江戸時代前期
野口　剛・五十嵐公一・門脇むつみ著
〈5月刊行予定〉

❺朝廷権威の復興と京都画壇　江戸時代後期
五十嵐公一・武田庸二郎・江口恒明著
〈2月刊行予定〉

❻近代皇室イメージの創出　明治・大正時代
塩谷　純・恵美千鶴子・増野恵子著
〈4月刊行予定〉

＊推薦します（敬称略 50音順）
青柳正規（東京大学名誉教授 元文化庁長官）
橋本麻里（美術ライター 永青文庫副館長）

⑤ 戦争とファシズムの時代へ 1926〜1937

河島　真著

政党内閣制は五・一五事件で崩壊し、軍部の政治介入が強まる。満洲事変後の欧米との対立、昭和恐慌から戦時経済への転換、そして二・二六事件。デモクラシーはいかにして潰えたか。戦争に向かう時代を克明に辿る。

本文二六〇頁

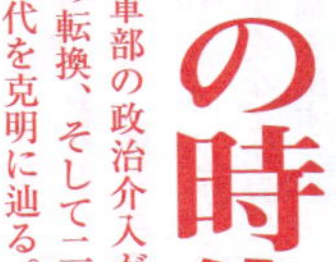

⑥ 総力戦のなかの日本政治 1937〜1952〈2月下旬発売〉

源川真希著

日中戦争、日米開戦、そして敗戦に至る戦争の時代。翼賛体制・統制経済・大東亜共栄圏は、いかに構築されたのか。さまざまな政治勢力や錯綜する国家構想を整理し、社会構造の変容をふまえて総力戦体制をとらえる。

【既刊】

① 維新と開化 1867〜1873　奥田晴樹著

② 「主権国家」成立の内と外 1874〜1894　大日方純夫著

読みなおす日本史

毎月１冊ずつ刊行中　四六判

足利義政と東山文化

河合正治著

一九二頁／二二〇〇円（解説＝木下　聡）

政治に意欲を示すものの、近親や有力守護を抑えられず応仁の乱を招いた足利義政。一方で銀閣に見られる書院造や作庭、室礼など、現代につながる芸能・文化の支援者でもあった。時代の転換点に翻弄された生涯を描く。

僧兵盛衰記

渡辺守順著

二四〇頁／二二〇〇円（補論＝渡辺守順）

白河法皇が、賀茂川の水、双六の賽とならべて意のままにならぬと嘆いた僧兵。彼らは行動を衆議で決め、仏法と本山を守って行動した。民衆としての僧兵集団を再評価し、仏教の護持と発展につくした実態を明らかにする。

朝倉氏と戦国村一乗谷

松原信之著

二三二頁／二二〇〇円

応仁の乱で活躍して主家から自立し、有力な戦国大名となった越前朝倉氏。一乗谷を拠点に合理的な分国法を制定して国内を支配し、和歌・連歌・古典にも精通したが信長に滅ぼされる。残された史料を博捜して実像に迫る。

歴史文化ライブラリー

●16年11月～17年1月発売の6冊

四六判・平均二二〇頁　全冊書下ろし

人類誕生から現代まで／忘れられた歴史の発掘／常識への挑戦／学問の成果を誰にもわかりやすく／ハンディな造本と読みやすい活字／個性あふれる装幀

438
平安京はいらなかった
古代の夢を喰らう中世

桃崎有一郎著

平安京は必要だったのか―。理念優先で造られ住むには不便だった都市が、その「使いにくさ」を克服し、中世京都へと脱皮していく姿を鮮やかに描く。新視点で平安京を捉え直し、〝千年の都〟の本質に迫る刺激的な書。

二八〇頁／一八〇〇円

439
紀州藩主 徳川吉宗
明君伝説・宝永地震・隠密御用

藤本清二郎著

享保の改革を推進した徳川幕府八代将軍吉宗。紀州藩主時代の農政や人材登用、宝永大地震からの復興などを明らかにし、将軍としての施政に与えた影響を探る。従来の明君伝説から解き放ち、若き日の将軍前史を描く初の書。

二四〇頁／一七〇〇円

440
よみがえる古代山城
国際戦争と防衛ライン

向井一雄著

朝鮮半島にルーツを持つ日本の古代山城《さんじょう》。その分布から、一見大陸からの防衛ラインをなしているが、機能したのだろうか。史書など記録にない謎の遺跡「神籠石《こうごいし》系山城」を中心に実態を探り、新たな古代山城を描き出す。

二二四頁／一七〇〇円

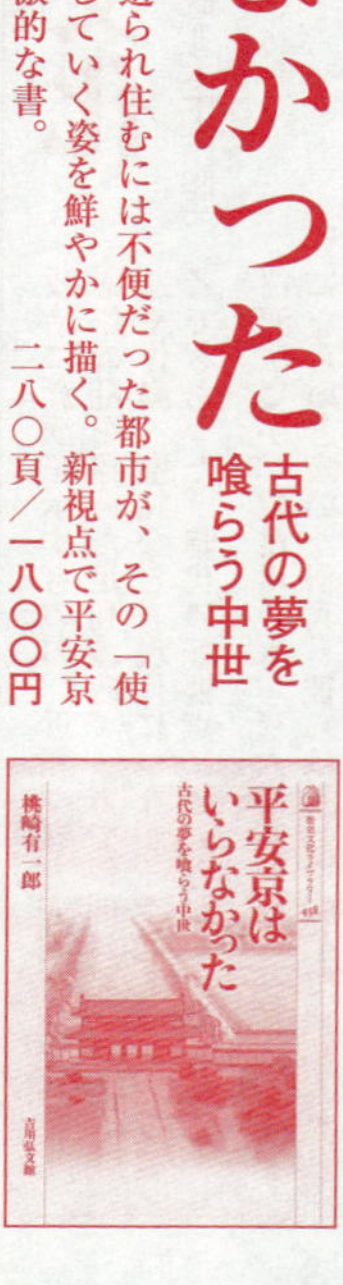

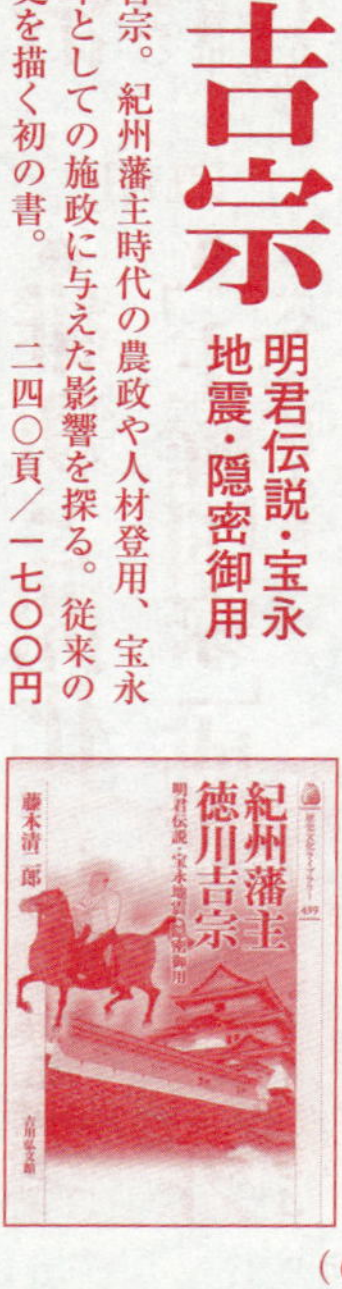

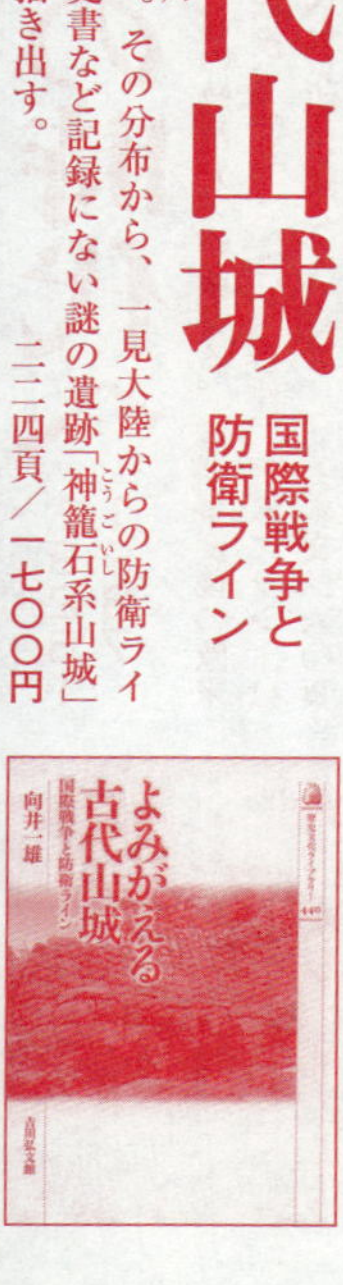

441 江戸の乳と子ども いのちをつなぐ

沢山美果子著

女性から分泌される〝乳〟が赤子の命綱だった江戸時代、母親の出産死や乳の出が悪い場合、人びとは貰い乳や乳母を確保するため奔走した。乳をめぐる人の繋がりを探り、今、子どもを育てるネットワーク形成の意味を考える。

二三二頁／一七〇〇円

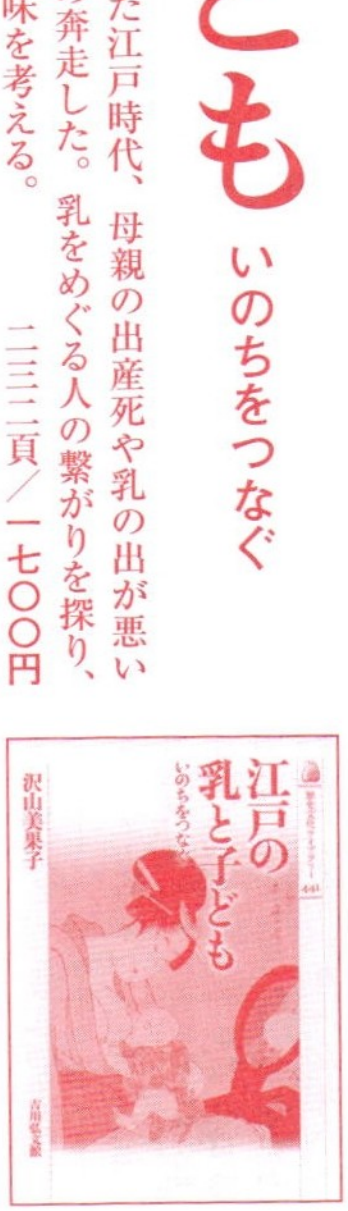

442 天皇の音楽史 古代・中世の帝王学

豊永聡美著

前近代の天皇は帝王学の一つとして管絃の習得を積み、どの楽器を演奏するかは、時には皇統の在り方をも左右した。音楽と天皇の権威との関わりや帝器の変遷を、古代・中世の天皇の音楽事績を紹介しつつ明らかにする。

二二〇頁／一七〇〇円

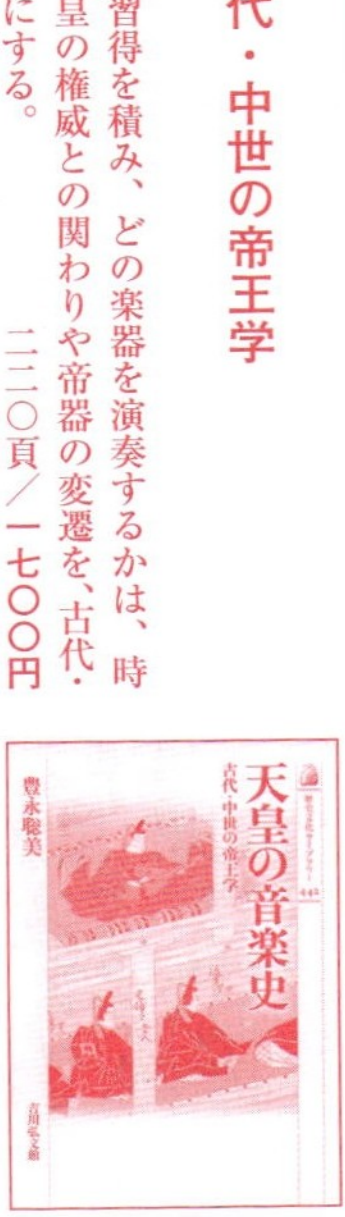

443 軍用機の誕生 日本軍の航空戦略と技術開発

水沢　光著

第一次世界大戦を経て、兵器としての飛行機が重視され始めるなか、日本も独自の開発を進めていく。陸海軍の航空戦略や研究機関の整備などを明らかにし、世界的レベルの名機を生み出した科学技術体制の実態を描き出す。

二〇八頁／一七〇〇円

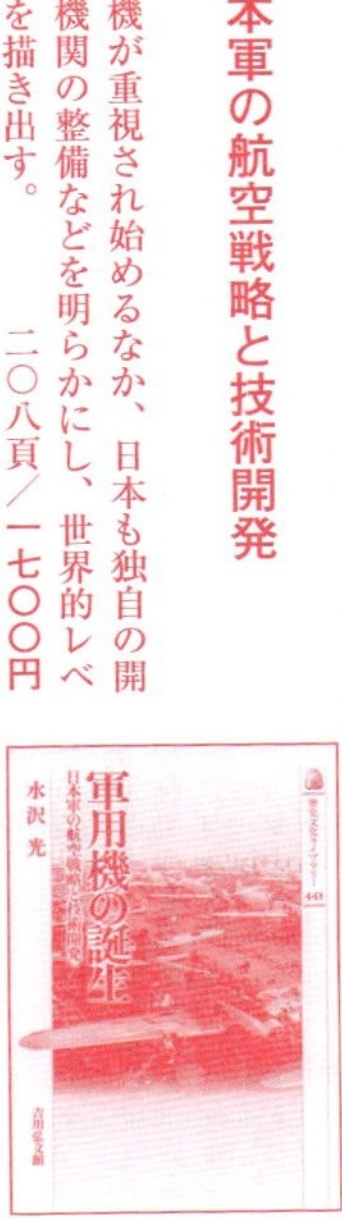

【既刊】

434 樹木と暮らす古代人 木製品が語る弥生・古墳時代
樋上　昇著　二八六頁／一八〇〇円

435 頼朝と街道 鎌倉政権の東国支配
木村茂光著　二三八頁／一七〇〇円

436 出雲国誕生
大橋泰夫著　二八四頁／一八〇〇円

437 松陰の本棚 幕末志士たちの読書ネットワーク
桐原健真著　二〇二頁／一七〇〇円

人《ひと》をあるく

真田氏三代と信濃・大坂の合戦

中澤克昭著

天下人や大大名と渡り合い、戦国を生き抜いた幸綱・昌幸・信幸・信繁ら真田一族。信濃の弱小氏族から大名へと、いかに成長したのか。本拠地だった上田を訪ねて足跡を辿り、徳川を苦しめた上田合戦と大坂の陣に迫る。

A5判・一六〇頁／二〇〇〇円

日朝関係史

関　周一編

四六判・四一六頁／三五〇〇円

活発な通交、貿易、戦争、断絶…。古来、日本列島と朝鮮半島は、国境を史的境界としない多様・多元的な移動や交流があった。双方の関係を、東アジア内の広範な交流にも触れながら解明。広域史の視点から見つめ直す。

日本城郭史

齋藤慎一・向井一雄著

四六判・五〇四頁・原色口絵四頁／四二〇〇円

環濠集落から近世城郭へと、時代と共にいかなる変遷を遂げたのか。「軍事」と「日常」の二つの視点から実態を探り、都市空間論まで踏み込んで解明。北日本や琉球、アジアの視野も踏まえて検証した新たな〝城〟の通史。

石田三成伝

中野　等著

四六判・五七八頁／三八〇〇円

豊臣政権を支えた五奉行の一人、石田三成。多くの挿話で語られてきた「実務に優れた青白きインテリ」像を超えて、一次史料からその生涯を解明。逆賊として人物像が形成された過程にも触れ実像に迫る、三成伝の決定版。

八代目市川團十郎

気高く咲いた江戸の花

木村　涼著

四六判・二七八頁／二八〇〇円

江戸後期の花形役者として一世風靡するも、三二歳で突然の死を遂げた八代目市川團十郎。家の芸を継承しながら独自の個性を積み重ねた舞台姿、成田山との交流を活写。新発見の團十郎一家の手紙を紹介しつつ生涯を描く。

明治期のイタリア留学 文化受容と語学習得

石井元章著

四六判・三四四頁／三二〇〇円

近代日本の黎明期にイタリアへ渡った井尻儀三郎、緒方惟直、川村清雄、長沼守敬ら若き日本人たち。彼らは明治政府がすすめる近代化政策の中で、イタリアから何を受容したのか。知られざる西洋文化受容史を描き出す。

看護婦の歴史 寄り添う専門職の誕生

山下麻衣著

A5判・二〇六頁／三五〇〇円

しかるべき養成を受けた看護婦は明治に誕生した。看護婦を「女性が多く就く労働者」と見なし、「どこで」「誰を」看護していたかという基準で、養成方法や職務内容などの歴史を描く。今日の看護の労働実態の根源に迫る。

イルカと日本人 追い込み漁の歴史と民俗

中村羊一郎著

四六判・二九六頁／二四〇〇円

イルカの追い込み漁—近年、国際的な批判を受けているこの漁法について、漁の実態や日本人のイルカに寄せる心情を、初めて体系的に分析する。伝統食の有りようをも含めて、今後の議論に一石を投じる注目の一冊。

情報覇権と帝国日本 全3巻

Ⅲ 東アジア電信網と朝鮮通信支配

有山輝雄著

朝鮮半島侵出をはかる日本は、情報通信の掌握を構想したが、自力で電信線を敷設する力をもたなかった。西欧依存から脱却し、自立的な東北アジア通信覇権形成に至るまでの外交の過程をたどる、日朝関係の情報通信史。四六判・四八〇頁／四五〇〇円

〈既刊〉Ⅰ海底ケーブルと通信社の誕生　Ⅱ通信技術の拡大と宣伝戦…各四七〇〇円

明治維新人名辞典
日本歴史学会編
菊判・一一一四頁／一二〇〇〇円

歴代内閣・首相事典
鳥海　靖編
菊判・八三二頁／九五〇〇円

〈華族爵位〉請願人名辞典
松田敬之著
菊判・九二八頁／一五〇〇〇円

日本女性史大辞典
金子幸子・黒田弘子・菅野則子・義江明子編
四六倍判
九六八頁
二八〇〇〇円

日本仏教史辞典
今泉淑夫編
四六倍判・一三〇六頁／二〇〇〇〇円

日本民俗大辞典　上・下（全2冊）
福田アジオ・神田より子・新谷尚紀・中込睦子・湯川洋司・渡邊欣雄編
四六倍判
上＝一〇八八頁・下＝一一九八頁／揃価四〇〇〇〇円（各二〇〇〇〇円）

精選　日本民俗辞典
菊判・七〇四頁
六〇〇〇円

神道史大辞典
薗田　稔・橋本政宣編
四六倍判・一四〇八頁／二八〇〇〇円

沖縄民俗辞典
渡邊欣雄・岡野宣勝・佐藤壮広・塩月亮子・宮下克也編
菊判・六七二頁
八〇〇〇円

有識故実大辞典
鈴木敬三編
四六倍判・九一六頁／一八〇〇〇円

年中行事大辞典
加藤友康・高埜利彦・長沢利明・山田邦明編
四六倍判・八七二頁
二八〇〇〇円

徳川歴代将軍事典
大石　学編
菊判・八八二頁／一三〇〇〇円

江戸幕府大事典
菊判・一一六八頁／一八〇〇〇円

近世藩制・藩校大事典
菊判・一一六八頁／一〇〇〇〇円

吉川弘文館編集部編

奈良古社寺辞典
四六判・三六〇頁・原色口絵八頁／二八〇〇円

京都古社寺辞典
四六判・四五六頁・原色口絵八頁／三〇〇〇円

鎌倉古社寺辞典
四六判・二九六頁・原色口絵八頁／二七〇〇円

飛鳥史跡事典
木下正史編
四六判・三三六頁／二七〇〇円

日本仏像事典
真鍋俊照編
四六判・四四八頁／二五〇〇円

世界の文字の図典【普及版】
世界の文字研究会編
菊判・六四〇頁／四八〇〇円

大好評のロングセラー

日本史年表・地図
児玉幸多編
B5判・一三六頁／一三〇〇円

日本の食文化史年表
江原絢子・東四柳祥子編
菊判・四一八頁／五〇〇〇円

日本史総合年表 第二版
加藤友康・瀬野精一郎・鳥海 靖・丸山雍成編
四六倍判・一一八二頁／一四〇〇〇円

日本軍事史年表 昭和・平成
吉川弘文館編集部編
菊判・五一八頁／六〇〇〇円

誰でも読める【ふりがな付き】

日本史年表 全5冊
吉川弘文館編集部編
菊判・平均五二〇頁

古代編 五七〇〇円
中世編 四八〇〇円
近世編 四六〇〇円
近代編 四二〇〇円
現代編 四二〇〇円
全5冊揃価＝二三五〇〇円

第11回学校図書館出版賞受賞

世界史年表・地図
亀井高孝・三上次男・林 健太郎・堀米庸三編
B5判 二〇六頁 一四〇〇円

●近刊

縄文時代 その枠組・文化・社会をどう捉えるか？（歴博フォーラム）
山田康弘・国立歴史民俗博物館編　四六判／二七〇〇円

人をあるく 蘇我氏と飛鳥
遠山美都男著　A5判／二〇〇〇円

古代飛鳥の都市構造
相原嘉之著　A5判／一一〇〇〇円

列島を翔ける平安武士（歴史文化ライブラリー）
野口 実著　四六判／価格は未定

悪党召し捕りの中世 鎌倉幕府の治安維持
西田友広著　四六判／二八〇〇円

対馬宗氏の中世史
荒木和憲著　四六判／三二〇〇円

日朝関係史
関 周一編　四六判／三五〇〇円

朝河貫一と日欧中世史研究
海老澤 衷・近藤成一・甚野尚志編　A5判／九〇〇〇円

戦国期風俗図の文化史 吉川・毛利氏と「月次風俗図屏風」
井戸美里著　A5判／一〇〇〇〇円

本居宣長 近世国学の成立（読みなおす日本史）
芳賀 登著　四六判／二二〇〇円

江戸の蔵書家たち（読みなおす日本史）
岡村敬二著　四六判／価格は未定

わくわく！ 探検 れきはく日本の歴史 3近世
国立歴史民俗博物館編　B5判／価格は未定

明治をつくった人びと 宮内庁三の丸尚蔵館所蔵写真
刑部芳則編　A5判／三四〇〇円

日本陸軍の対ソ謀略 日独防共協定とユーラシア政策
田嶋信雄著　四六判／二八〇〇円

日産の創業者 鮎川義介
宇田川 勝著　四六判／二八〇〇円

鯨を生きる 鯨人の個人史・鯨食の同時代史（歴史文化ライブラリー445）
赤嶺 淳著　四六判／一九〇〇円

古建築を復元する 過去と現在の架け橋（歴史文化ライブラリー444）
海野 聡著　四六判／一八〇〇円

〈総合資料学〉の挑戦 異分野融合研究の最前線
国立歴史民俗博物館編　A5判／三二〇〇円

※書名は仮題のものもあります。

当たり前の〝日常生活〟その歴史を紐解く！

暮らしに関わる多様な事柄、約二七〇〇項目を収録。人びとの生き生きとした営みが見えてくる！

日本生活史辞典

木村茂光・安田常雄・白川部達夫・宮瀧交二編

脈々と営まれ続ける人びとの暮らし。民衆・市民を主役とし、衣食住から労働・遊び・家族・大衆文化・経済・近年の社会問題まで約二七〇〇項目を収録。当たり前に過ごす日常や生活文化の移り変わりが理解できる辞典。

四六倍判・上製・函入・八三〇頁・原色口絵三二頁

『内容案内』送呈

刊行記念特価二五〇〇〇円

（期限17年3月31日まで）

期限後二七〇〇〇円

推薦します

小泉和子氏（小泉和子生活史研究所代表　昭和のくらし博物館館長）

桃月庵白酒氏（落語家）

【本辞典の特色】

◆人びとの〝ふつうの生活〟に注目した新たな視角の辞典

◆約二七〇〇項目の暮らしに関わる多様な事柄を収録

◆最新のアイテムから忘れられつつある道具まで、身近なものの歴史がわかる

◆歴史学・民俗学・考古学・家政学などさまざまな分野の執筆者が結集

◆巻頭カラー口絵をはじめ、本文理解を助ける豊富な図版を掲載

◆さらに深く調べるための参考文献を紹介、検索に便利な索引も充実

高橋秀樹・三谷芳幸・村瀬信一著

ここまで変わった日本史教科書

好評5刷

Ａ５判・二四〇頁　一八〇〇円

教科書の現在を知るために、旧石器から平成まで四六のテーマを設定し、記述の変化とその根拠となる研究の進展を教科書の専門家が解説する。Ｑ＆Ａなどの付録も充実。

2015.11
本郷
吉川弘文館
2016.1
本郷
吉川弘文館
2016.3 NO.122
本郷
吉川弘文館

（ご注意）

・この用紙は、機械で処理しますので、金額を記入する際は、枠内にはっきりと記入してください。また、本票を汚したり、折り曲げたりしないでください。

・この用紙は、ゆうちょ銀行又は郵便局の払込機能付きＡＴＭでもご利用いただけます。

・この払込書を、ゆうちょ銀行又は郵便局の渉外員にお預けになるときは、引換えに預り証を必ずお受け取りください。

・ご依頼人様からご提出いただきました払込書に記載されたおところ、おなまえ等は、加入者様に通知されます。

・この受領証は、払込みの証拠となるものですから大切に保管してください。

収入印紙
課税相当額以上
貼　　付

印

この用紙で「本郷」年間購読のお申し込みができます。

◆この申込票に必要事項をご記入の上、記載金額を添えて郵便局でお払込み下さい。

◆「本郷」のご送金は、４年分までとさせて頂きます。

この用紙で書籍のご注文ができます。

◆この申込票の通信欄にご注文の書籍をご記入の上、書籍代金（本体価格＋消費税）に荷造送料を加えた金額をお払込み下さい。

◆荷造送料は、ご注文１回の配送につき380円です。

◆入金確認まで約７日かかります。ご諒承下さい。

振替払込料は弊社が負担いたしますから無料です。

※領収証は改めてお送りいたしませんので、予めご諒承下さい。

お問い合わせ　〒113-0033・東京都文京区本郷７－２－８
吉川弘文館　営業部
電話03-3813-9151　FAX03-3812-3544

この場所には、何も記載しないでください。

払込取扱票

02	東京	通常払込料金加入者負担

口座記号番号	00100-5-244
加入者名	株式会社 吉川弘文館
金額	※ 千 百 十 万 千 百 十 円
料金	
備考	

各票の※印欄は、ご依頼人において記載してください。

ご依頼人・通信欄

フリガナ	
※お名前	
郵便番号	電話
※ご住所	
※	

◆「本郷」購読を希望します

購読開始　　号 より

1年 1000円 (6冊)　3年 2800円 (18冊)
2年 2000円 (12冊)　4年 3600円 (24冊)
（ご希望の購読期間に○印をお付け下さい）

日附印

裏面の注意事項をお読みください。（ゆうちょ銀行）（承認番号東第53889号）

これより下部には何も記入しないでください。

切り取らないでお出しください。

記載事項を訂正した場合は、その箇所に訂正印を押してください。

振替払込請求書兼受領証

口座記号番号	00100-5-244 通常払込料金加入者負担
加入者名	株式会社 吉川弘文館
金額	※ 千 百 十 万 千 百 十 円
ご依頼人	おなまえ ※　　様
料金	日附印
備考	

この受領証は、大切に保管してください。

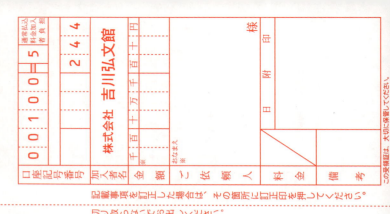

(90) 神田同右。坂本前掲注(15)書、二七頁。
(91) 神田前掲注(89)。
(92) „Übersicht über die politische Entwicklung. Überblick über die japanische Politik in Asien", 29. März 1934, in: BA-MA, RH1/v. 78. Bl. 138-141.
(93) 田中新一『田中作戦部長の証言』芙蓉書房(一九七八年)、四五四頁。
(94) 西山克典「クルバンガリー略伝――戦間期在留回教徒の問題によせて」『ロシア革命史研究資料』私家版(一九九六年)。坂本勉「アブデュルレシト・イブラヒムの再来日と蒙疆政権下のイスラーム政策」坂本勉編著『日中戦争とイスラーム――蒙疆・アジア地域における統治・懐柔政策』慶應義塾大学出版会(二〇〇八年)、二七―三七頁。小松前掲注(51)書、一三六―一六一頁。
(95) 西山克典「クルバンガリー追尋――国際情勢に待機して㈠㈡」『国際関係・比較文学研究』第四巻第二号・第五巻第一号(二〇〇六年)。
(96) 新免康「「東トルキスタン共和国」(一九三三―三四年)に関する一考察」『アジア・アフリカ言語文化研究』四六―四七号(一九九四年)。「東トルキスタン・イスラーム共和国」『中央ユーラシアを知る事典』平凡社(二〇〇五年)、四四〇頁。王柯『東トルキスタン共和国研究――中国のイスラムと民族問題』東京大学出版会(一九九五年)、一二―一四頁。
(97) 「在本邦回教徒「トルコ・タタール人」忿争問題(昭和九年調査)」「本邦ニ於ケル宗教及布教関係雑件/回教関係第一巻(大日本回教協会ヲ含ム)」外務省外交史料館(JACAR: B04012533000)。
(98) メルトハン・デュンダル「オスマン皇族アブデュルケリムの来日」坂本勉編著『日中戦争とイスラーム――満蒙・アジア地域における統治・懐柔政策』慶應義塾大学出版会(二〇〇八年)、一三五―一七七頁。
(99) オットは、この佐官級将校の名前をはっきりとは覚えておらず、あるいは"Fujimura"だったような気もする、と述べている。また、その将校の名前はその後の彼の長い日本滞在生活（ドイツ陸軍武官時代・ドイツ大使時代）を通じてふたたび耳にすることがなかったという。国際検察局（粟谷憲太郎・吉田裕編集・解説）前掲注（25）書第四一巻、八六頁、一八五頁。筆者は、この関東軍将校は、松室孝良だったのではないかと推測している。

(100) 国際検察局（粟谷憲太郎・吉田裕編集・解説）前掲注（25）書第四一巻、八四頁。

(101) 国際検察局（粟谷憲太郎・吉田裕編集・解説）前掲注（25）書第四一巻、五四―五五頁、八四―八六頁、一一一―一一四頁、一八四―一八六頁。Vortrag „Die Lage im Fernen Osten" vom 22. Januar 1934, BA-MA, RW5/v. 348.

(102) „Übersicht über die politische Entwicklung. Überblick über die japanische Politik in Asien" vom 29. März 1934, in: BA-MA, RH1/v. 78, Bl. 138-141.

(103) 以上は満洲から発して内蒙・寧夏・新疆へと至る当時の関東軍の関心を具体的に指摘したものということができる。ただし、一九三三年一一月にカシュガル地区に成立し、翌三四年五月に事実上崩壊した東トルキスタン・イスラーム共和国では日本の影響力はほとんど見られず、その後東トルキスタン地区に支配権を再確立した新疆省督軍の盛世才は国民政府からも半ば独立した存在であった（前掲注（96）の諸文献を参照）。この部分はおそらくオットが関東軍から聞かされた妄言をシュテュルプナーゲルがそのまま借用したものであっただろう。

(104) 実際日本からは大阪毎日新聞の田中逸平を団長とする調査団が一九三四年一月にアフガニスタンに派遣されており、さらにやはり同年一月、下永憲次少佐がアフガニスタン出張を命じられ、三月にカーブル入りしている。前田耕作監修・関根正男編『日本・アフガニスタン関係全史』明石書店（二〇〇六年）、一四〇頁、一五〇頁。「将校海外出張に関する件」防衛省防衛研究所（JACAR: C01006526800）。すなわちここでドイツ陸軍は、日本の実業界および陸軍の関心の方向をよく察知したといえるが、「軍事使節団がかなり強化されている」というのは明らかに誇張された判断であった。なお、下永の派遣を含め、一九三〇年代の日本＝アフガニスタン関係については、のちに本書第七章で詳しく触れたい。

(105) たしかに日本陸軍は一九三三年九月二一日に上田昌雄大尉を新たにペルシャに派遣していた。日本陸軍が正式にペルシャに駐在武官職を置いたのは約三年後の一九三六年六月であるが、この情報はほぼ正確である（秦郁彦編『日本陸海軍総合事典』東京大学出版会〈一九九一年〉、三六八頁）。上田が「コーカサスに関する情報を収集している」という報告も、おそらく正しいだろう。しかし日本公使（一九三三年二月に任命された岡本武三公使）が語ったとされる「バクー空爆計画」は、この時点ではほとんど空想の産物に近かったといえよう。なお、戦間期の日本とコーカサスの関係、とりわけ日本陸軍のコーカサスに関する謀略計画については、Kuromiya/ Mamoulia 前掲注（80）論文が詳しい。

(106) 当時の日本＝トルコ関係においてこうした大規模な軍拡計画を日本が推進したという事実はなく、しかもここに示された援助とその対価はあきらかにバランスを欠いており、極めて疑わしい新聞報道であったといわなければならない。

(107) スコロパツキーや田中新一については先述。戦間期の日本＝フィンランド関係については、以下の文献が詳しいが、本書のテーマ（日本陸軍の反ソ諜報・謀略活動）にかかわる事項については言及がない。Hiroshi Momose, "Japan's Relations with Finland, 1919-1944, as Reflected by Japanese Source Materials", *Slavic Studies*, Vol. 17, 1973, pp. 1-38.

(108) たしかに日本＝エチオピア関係では、一九三一年一一月から約二ヵ月にわたってエチオピア使節団が日本を公式訪問し、満洲事変の進展のさなか、日本社会でも素朴な「エチオピア熱」がわき起こった。さらにこのブームは、一九三四年一月に発表されたエチオピア皇帝ハイレ・セラシエ（Haile Selassie I.）の親族アラヤ・アベバ（Lij Araya Abebe）と黒田広志子爵次女雅子の婚約により頂点に達した。しかしこの「エチオピア熱」は同年四月の婚約破談によってすでに衰退しつつあり、最終的には一九三五年九月にイタリアがエチオピアとの全面戦争を開始し、翌三六年に同国を併合することによって終了することとなる。婚約劇には黒龍会系の右翼人脈が背後でうごめいていた節もあるが、日本の宮中も外務省もそれほど乗り気ではなかったとされている。まして日本陸軍が大陸政策の立場から婚約劇を推進したというような形跡は存在しない（藤田みどり『アフリカ「発見」』岩波書店（二〇〇五年）、一七八—二一八頁）。

(109) 当時エチオピアに日本の商社や貿易会社の支店は一つもなかったが、インド人商人を通じて、生綿布では日本が市場を独占する状態となっていた（藤田前掲注（108）書、一九六頁）。しかし「日本が包括的な利権を獲得」していた訳ではなく、シュテュルプナーゲルのイメージには誇張がある。また、当時ヨーロッパでは、イタリアを発信源として、一〇〇〇人近い日本人がエチオピアに居留しているという噂が流れていたが、実際の定住者は極めて少数で、日本では「イタリーの愚劣な宣伝」と報道されていた（同右、二一〇—二一一頁）。日本によるアデン湾航路への進出も荒唐無稽で、おそらく同様の文脈で出てきたものであろう。

(110) ちなみに、ナチス党イデオローグでナチス党外交政策局長でもあったローゼンベルク（Alfred Rosenberg）も、当時、以下のように、シュテュルプナーゲルと似たような判断を示していた。「日本の膨張政策は、疑いもなく、日本本土から出発して満洲、蒙古、トルキスタンを超え、トルコとの結節点を求め、ますますエチオピア王家へと浸透を試みている」（Hans-Günter Seraphim (Hrsg.), *Das politische Tagebuch Alfred Rosenbergs 1934–35 und 1939–40*, Göttingen: Musterschmidt, 1956, S. 164-165.）。ローゼンベルクが何らかの態様（たとえばオットの報告会への出席など）でオットおよびドイツ国防軍の情勢判断を共有していた可能性が高い。

(111) シュテュルプナーゲルの伝記的研究であるHeinrich Bücheler, *Carl-Heinrich von Stülpnagel. Soldat-Philosoph-Verschwörer*, Berlin: Ullstein, 1989. には、残念ながら、日本および東アジアに関する言及はまったくない。

(112) Karl-Dieter Seifert, *Der deutsche Luftverkehr 1926–1945. Auf dem Weg zum Weltverkehr*, Bonn: Bernard & Graefe, 1999, S. 9.

(113) Karl Morgenstern/Dietmar Plath, *Eurasia Aviation Corporation. Junkers & Lufthansa in China 1931–1943*,

München: GeraMond, 2006, S. 9.

(114) *Neue Deutsche Biograhpie*, Bd. 17, S. 499–503; *Deutsche Biographische Enzykropädie*, 2. Auflage, Bd. 7, S. 104 などを参照。

(115) 前掲注（112）の文献を参照。

(116) 前掲注（112）の文献を参照。

(117) *Neue Deutsche Biographie*, Bd. 6, S.6–7; *Deutsche Biographische Enzykropädie*, 2. Auflage, Bd. 3, S. 649 などを参照。

(118) Aufzeichnung Dirksen, 10. Januar 1928, in: Politisches Archiv des Auswärtigen Amts [folgend zitiert als PAdAA], R32880. 欧亜航空連絡については、以下の論文をも参照。萩原充「「空のシルクロード」の再検証――欧亜航空連絡をめぐる多国間関係」『社会科学研究』（釧路公立大学紀要）第一九号（二〇〇七年三月）、一―一九頁。

(119) Deutsche Lufthansa, „Gedanken über die Luftverkehrswege nach dem Fernen Osten", September 1930, in:, PAdAA, R32876.

(120) Aufzeichnung der Abt. IV. OA zum Transeurasia-Projekt der Deutschen Lufthansa, 6. Oktober 1927, in: PAdAA, R85982.

(121) 前掲注（119）。

(122) 同右。

(123) 前掲注（120）。

(124) 同右。

(125) Das AA an die deutsche Auslandsvertretungen, 6. Januar 1931, in: PAdAA, R32876.

(126) Aufzeichnung Borch, 23. Mai 1928, in: PAdAA, R85376.

(127) Aufzeichnung Wronsky und Milch, 19. März 1931, in: PAdAA, R32876.

(128) 在漢堡総領事村上義温発外務大臣幣原喜重郎宛（一九三〇年一二月一八日）「各国間航空運輸関係雑件／独、支合弁会社の欧亜連絡関係」外務省外交史料館、F-1-10-0-13-1（JACAR: B10074864100）。

(129) 前掲注（125）。

(130) 「中華民国国民政府交通部與徳国漢沙航空公司訂立欧亜航空郵運合同」PAdAA, Peking II, 2893.

(131) Deutsche Lufthansa, Aufbau und Verkehrspolitische Ziele der „Eurasia", 28. April 1934, in: PAdAA, R85378.

(132) Aufzeichnung zu IV Chi 2239, 3. August 1932, in: PAdAA, R85377.

(133) Deutsche Lufthanza（gez. Wronsky u. Milch）an den Gesandten der Mongolischen Republik, 10. Dezamber 1931, in: PAdAA, R85382.

(134) Trautmann an das AA, 22. Dezember 1931, in: PAdAA, R85283.

(135) 満洲飛行機の思い出編集委員会編『満洲飛行機の思い出』私家版（一九七二年）、一頁。

(136) 「満洲航空会社増資及北支航空会社設立に関する要綱（案）」（昭和七年八月七日、陸軍省）国立公文書館（JACAR: A09050549100）。

(137) 児玉常雄については、前間孝則『満洲航空の全貌――一九三二―一九四五 大陸を翔けた双貌の翼』草思社（二〇一三年）第三章「児玉常雄と国際航空事情」一一一―一三七頁に詳しい。

(138) 児玉常雄「最近の世界航空界」『大阪毎日新聞』一九二八年一月三日―一月八日。

(139) 前掲注（136）。

(140) 樋口正治「第一次空中輸送隊の活躍」満洲航空史話編纂委員会編『満洲航空史話』（一九七二年）、五六―六四頁。

(141) 国枝実「欧亜航空路の開設協定について」満洲航空史話編纂委員会編『満洲航空史話』（一九七二年）、一五五―一五九頁。

(142) 満洲飛行機株式会社については、満洲飛行機の思い出編集委員会前掲注（135）書を参照のこと。

（143）河井田義臣「満洲航空の誕生」満洲航空史話編纂委員会編『満洲航空史話』（一九七二年）、二〇—二四頁。

（144）樋口前掲注（140）、五六—六四頁。

（145）前掲注（136）。

（146）Aufzeichnung Deutsche Botschaft Moskau, 4. August 1934, in: PAdAA, R85378, Luftschiffahrt Eurasia vom 1. Januar 1934 bis Feb. 1936, Bd. 3.

（147）王前掲注（96）書。寺山前掲注（75）書。

（148）前掲注（146）。

（149）Aufzeichnung Twardowski, 27. August 1934, in: PAdAA, R85378, Luftschiffahrt Eurasia vom 1. Januar 1934 bis Feb. 1936, Bd. 3. ルフトハンザの新疆乗り入れに関するソ連・盛世才側の立場については、寺山前掲注（75）書、二〇六—二〇八頁に詳しい。

（150）Aufzeichnung Starke, 24. August 1935, in: PAdAA, R85378.

（151）同右。

（152）北田公使発広田外務大臣宛（一九三六年五月二八日）「新疆政況及事情関係雑纂 第六巻」外務省外交史料館、A-6-1-3-4_006（JACAR: B02031850000）。「本日独逸公使の内話に依れば独逸は（多分ルフトハンザなるべし）嘗てソ連の反対にて頓挫したる上海—新疆、蘇領トルキスタンを経て欧州に至る定期航空路の計画を変更し波斯、亜富汗、新疆線を計画中にて、波斯政府に対しては目下同意取付交渉円満に進行中なるが何れ当地に於いても亜富汗政府に対し交渉することとなるべし」。

（153）Deutsches Konsulat Tsingtau an das AA, 14. September 1934, in: PAdAA, R32878.

（154）松室前掲注（87）。「防共線」については、北田正元『時局と亜細亜問題』皐月会（一九三九年）、四四—四六頁。

（155）ドムチョクドンロプ（森久男訳）前掲注（24）書、九八頁、一〇四—一〇五頁。

(156) 森前掲注（9）書、一八六―一八七、二一七―二一八頁。
(157) 板垣征四郎刊行会編『秘録 板垣征四郎』芙蓉書房（一九七二年）、一二八―一三〇頁。
(158) 「航空視察団報告第二巻」防衛省防衛研究所「中央―軍事行政その他六六一」(JACAR: C15120576600)。
(159) イタリアのエチオピア侵略については、石田憲『ファシストの戦争――世界史的文脈で読むエチオピア戦争』千倉書房（二〇一一年）。
(160) Bericht Scholl, 24. Juni 1936, Japan-Russland (während eines Aufenthalts vom Juni 35 bis April 36 gesammelte Eindrücke), in: BA-MA, RH2/1587, Bl. 7-14.
(161) 盛世才発スターリン宛書簡（一九三四年六月六日）。寺山前掲注（75）書、二三七―二四五頁に翻訳・引用されている。
(162) A・M・ナイル『知られざるインド独立闘争』風濤社（二〇〇八年）、一四七―一九二頁。
(163) 陸軍省新聞班『外蒙及新疆の近況』防衛省防衛研究所（JACAR: C14060826900）引用はフレーム0326。
(164) 北田公使発広田外務大臣宛（一九三五年六月一日）、外務省外交史料館、A-6-1-3-4_005 (JACAR: B02031847600)。
(165) 「新疆政況及事情関係雑纂」第六巻および第七巻、外務省外交史料館（JACAR: B02031849400, B02031850400）。
(166) カウマンの東アジアでの活動に関しては包括的な研究が存在しないが、以下の文献が貴重な情報を提供している。大木毅『第二次大戦の〈分岐点〉』作品社（二〇一六年）、二四五―二六〇頁、二七一―三一六頁。ドイツ航空産業全国連盟についても包括的な研究は存在しない。以下は同連盟の後継団体であるドイツ連邦航空宇宙産業連盟が創立一〇〇周年を記念して発行した簡単なパンフレットであるが、研究にはほとんど役立たない。Bundesverband der deutschen Luft- und Raumfahrtindustrie e. V, Berlin, *100 Jahre BDLI*, 2011.
(167) „Gesichtspunkte für die Beteiligung der chinesisch-deutschen Luftverkehrsgesellschaft „Eurasia Aviation Corp „Schanghai“ an einem Luftverkehr zwischen Manchoukuo und China“, in: PAdAA, Peking II, 2928, Bl. 41-44.

Aufzeichnung Starke, 17. Oktober 1935, in: PAdAA, Peking II, 2892, Bl. 32-36.

（168） 同右。

（169） Aufzeichnung Bidder, 3. Oktober 1935, in: PAdAA, Peking II, 2892, Bl. 37-40.

（170） Aufzeichnung Bidder, 5. Oktober 1935, in: PAdAA, R85378.

（171） 国枝前掲注（141）、一五五―一五九頁。

（172） Vortrag Oshima, 7. Februar 1935, in: BA-L, R/64/IV/65, fol. 1, S. 245-261.

（173） Der Reichsminister der Luftfahrt an die deutsche Lufthansa, 14. März 1936, in: PAdAA, Peking II, 2891, Bl. 149-150.

（174） Deutsche Gesandtschaft Kabul an das AA, 1. August 1936, in: PAdAA, Kabul II, Bd. 93, Bl. 132-139.

（175） Aufzeichnung Renthe-Fink, 23. März 1936, in: PAdAA, Peking II, 2891, Bl. 152-153.

（176） Aufzeichnung Fischer, 17. Juni 1937, in: PAdAA, Peking II, 2891, Bl. 124.

（177） Trautmann an das AA, in: PAdAA, Peking II, 2892, Bl. 30-31.

（178） 広田外交における「防共的国際協調主義」について、酒井哲哉『大正デモクラシー体制の崩壊』東京大学出版会（一九九二年）、一五一―二〇五頁。

（179） 「対支政策に関する外・陸・海三相間諒解」一九三五年一〇月四日、外務省編『日本外交年表並主要文書』下、原書房（一九六五年）、三〇三―三〇四頁。

（180） 天津軍司令官発参謀次長宛（一九三五年六月一二日）、島田俊彦・稲葉正夫解説『現代史資料（八）日中戦争（一）』みすず書房（一九六四年）、九三頁。内田前掲注（12）書、一七三―二〇三頁。

（181） 北平武官室補佐官発参謀次長宛（一九三五年六月二五日）、北平武官室補佐官発参謀次長宛（一九三五年六月二七日）、島田俊彦・稲葉正夫解説『現代史資料（八）日中戦争（一）』みすず書房（一九六四年）、九九―一〇〇頁。

(182)「対内蒙施策要領」島田俊彦・稲葉正夫解説『現代史資料（八）日中戦争（一）』みすず書房（一九六四年）、四九二―五〇〇頁。

(183) 前掲注（179）。

(184) Aufzeichnung Erdmannsdorf, 18. November 1935, in: *ADAP*, Serie C, Bd. IV, Nr. 416.

(185) Ribbentrop u. Dieckhoff an Kriebel, 7. Dezember 1935, in: *ADAP*, Serie C, Bd. IV, Nr. 451.「日独中三国防共協定」案の形成と挫折については、田嶋信雄「親日路線と親中路線の暗闘」工藤章・田嶋信雄編『日独関係史　一八九〇―一九四五』第二巻、東京大学出版会（二〇〇八年）、七―五三頁を参照。

(186) 内田前掲注（12）論文「冀察政務委員会の対日交渉と現地日本軍――「防共協定」締結問題と「冀東防共自治政府」解消問題を中心に」九一―一〇四頁。島田・稲葉前掲注（22）書、二八五頁。

(187)「参謀本部喜多大佐談要領」『帝国の対支外交政策一件』第八巻、外務省外交史料館（JACAR: B02030162300）。

(188) 井上前掲注（8）書、二六九―二七九頁。

(189) ＮＨＫ取材班編著『日本人はなぜ戦争に向かったか』上、ＮＨＫ出版（二〇一一年）。

(190)「謀略計画に関し仏国在勤帝国大使館付武官に与ふる指示」および「別冊謀略計画要領」粟屋憲太郎・竹内桂編集・解説『対ソ情報戦資料　第二巻　関東軍関係資料（二）』現代史料出版（一九九九年）、四五三頁。真崎と同じく陸軍皇道派の中心人物荒木貞夫のソ連観については、富田武「荒木貞夫のソ連観とソ連の対日政策」『成蹊法学』第六七号（二〇〇八年）、一五―六五頁を参照。

(191)「謀略及び諜報機関配置票（戦時に増置するもの）」粟屋憲太郎・竹内桂編集・解説『対ソ情報戦資料　第二巻　関東軍関係資料（二）』現代史料出版（一九九九年）、四五一頁。

(192) ドイツにおける日独防共協定交渉の詳細については、田嶋信雄『ナチズム極東戦略』講談社（一九九七年）を参照。

(193) Bericht Canaris, 17. Juli 1935, in: BA-MA, RH 1/v. 78, Bl. 318-24; Bericht Canaris, 19. September 1935, in:

PAdAA, Geheimakten II FM 11, „Militär-Politik". ちなみに、アフガニスタン駐在日本公使北田正元は、一九三五年八月八日、任地アフガニスタンに対するドイツの諜報上の関心について、つぎのように述べている。「独逸の当国への経済的其の他の進出は昨今より顕著となり、当国を将来策源地（主に英国流の「インテリジェンスオフィス」の活動）に利用せんとするの底意をも漸く認めらるる」。臼杵陽「戦時期日本・アフガニスタン関係の一考察――外交と回教研究の間で」『日本女子大学紀要　文学部』第五七号（二〇〇七年）、一〇五頁。「新疆政況及事情関係雑纂　第六巻」外務省外交史料館（JACAR: B02031849600）。

(194) 田嶋前掲注（192）書、七九―八一頁。

(195) Aufzeichnung Hack, 15. November 1935, in: Nachlaß Hack (im Besitz vom Verfasser).

(196) Hermann von Raumer, *Lebenserinnerungen von Hermann von Raumer* (Manuskript), Bd. V, „Der Antikominternpakt", in: Nachlaß Raumer (im Besitz vom Verfasser), S. 7-8.

(197) 前掲注（195）。

(198) エヴァ・パワシュ＝ルトコフスカ／アンジェイ・T・ロメル（柴理子訳）前掲注（81）書、一七二―一八七頁。一九三〇年代後半における日本とポーランドの関係については、さらに、阪東宏『世界のなかの日本・ポーランド関係一九三一―一九四五』大月書店（二〇〇四年）も参照のこと。

(199) Dirksen an das AA, 23. März 1936, in: *ADAP*, Serie C, Bd. V, Dok. Nr. 197, S. 252-254.

(200) Denkschrift Canaris, „Richtlinien für die Arbeit 1936 im geh. Meldedienst der drei Wehrmachtteile", in: PAdAA, Geheimakten Abt. IIF, „Militärische Nachrichten -geheim", Bd. 3.

(201) Aufzeichnung Canaris, 6. Februar 1936, in: PAdAA, Spionage-Abwehr, Allgemein.

(202) 外務省前掲注（73）書、三五二―三五四頁。

(203) 島田・稲葉前掲注（22）書、三四九―三五〇頁。

(204) ドムチョクドンロプ（森久男訳）前掲注（24）書。
(205)「内蒙古工作の現状について」島田俊彦・稲葉正夫解説『現代史資料（八）日中戦争（一）』みすず書房（一九六四年）、五五一—五五四頁。
(206) 同右。
(207) ドムチョクドンロプ（森久男訳）前掲注（24）書。森前掲注（9）書、九八頁、一〇一—一〇二頁。
(208) 楊天石「綏遠抗戦与蔣介石対日政策的転変」『晋陽学刊』二〇一二年第四期（二〇一二年）、二一頁。楊天石（劉珊訳）「綏遠抗戦と国民政府対日戦略の転換」『季刊中国』一一〇号（二〇一二年）、四六頁。前掲注（28）『蔣介石総統檔案 事略稿本（三八）民国二五年八月（下）至一〇月（上）』六六—六七頁。
(209) 中畑憲夫「察東事変」満洲航空史話編纂委員会編『満洲航空史話』（一九七二年）、一四二—一五一頁。
(210) Ott an Tippelskirch, 2. Februar 1937, in: BA-MA, RH2/v. 2939.
(211) 臧運祜「抗戦前夕的中日国交談判述論」楊天石・侯中軍編『戦時国際関係』北京・社会科学文献出版社（二〇一一年）。邦訳、臧運祜（根岸智代訳）「日中戦争直前における中日国交交渉」西村成雄・石島紀之・田嶋信雄編『国際関係のなかの日中戦争』慶應義塾大学出版会（二〇一一年）。
(212) 同右。
(213)「綏遠工作の中国に及ぼせる影響に関する川越大使上申」一九三六年一一月二五日、外務省編『日本外交年表並主要文書』下、原書房（一九六五年）、三五四—三五五頁。
(214)「空虚」論に立った最近の試みとして、石田憲『日独伊三国同盟の起源』講談社（二〇一三年）。
(215) 国枝前掲注（141）、一五五—一五九頁。
(216) 萩原充『日中戦争と中国空軍』（二〇〇三年度財団法人交流協会日台交流センター歴史研究者交流事業報告書）日台協会（二〇〇四年）。

(217)「満支情報」逓信省・郵政省文書、国立公文書館（JACAR: A09050878000）。
(218)「満洲航空会社増資及北支航空会社設立に関する件」防衛省防衛研究所（JACAR: C01003169700）。内田前掲注(12)論文「冀察政務委員会と華北経済をめぐる日中関係」一三七―一六二頁。
(219) 永淵三郎「空の「シルクロード」」満洲航空史話編纂委員会編『満洲航空史話』（一九七二年）、一六七―一七五頁。
(220) 同右。
(221) 同右。
(222)「欧亜航空協定に関する件」防衛省防衛研究所（JACAR: C01004330400）。
(223)「帝国の対支外交政策関係一件」第七巻、外務省外交史料館（JACAR: B02030159600）。
(224)「欧亜航空協定に関する件」防衛省防衛研究所（JACAR: C01004330400）。
(225) 永淵前掲注(219)。
(226)「日満独連絡航空路設定に関する件」国立公文書館（JACAR: A03023592000）。
(227)「対支航空問題の解決促進に関する方針（案）」「帝国の対支外交政策関係一件」第七巻、外務省外交史料館（JACAR: B02030160400）。
(228) 関東軍参謀長東條英機発陸軍次官梅津美治郎宛「日独満航空連絡の為航空路設定に関する件」（一九三七年七月七日）昭和一二年『満受大日記』防衛省防衛研究所（JACAR: C01003272300）。
(229) 永淵前掲注(219)。
(230) 森前掲注(9)書、二二二頁、二三一―二三三頁。比企久男『大空のシルクロード――ゴビ砂漠に消えた青春』芙蓉書房（一九七一年）、一四一―一四九頁。永淵前掲注(219)。
(231) Carl August Freiherr von Gablenz, *Pamirflug*, München: F. A. Herbig, 2002. 邦訳、ガブレンツ（永淵三郎訳）『パミール飛翔』私家版（一九三八年）。

(232) 宮村前掲注(66)書、五六六頁。http://fusensha.ocnk.net/product/3254(二〇一六年一〇月四日閲覧)。小村不二男『日本イスラーム史』日本イスラーム友好連盟(一九八八年)、一六七―一七五頁。島田大輔「昭和戦前期における回教政策に関する考察――大日本回教協会を中心に」『一神教世界』同志社大学一神教学際研究センター(二〇一五年)、六四―八六頁。

(233) 永淵前掲注(219)。

(234) 前掲注(210)。

(235) 同右。

(236) Ott an Tippelskirch, 1. März 1937, in: BA-MA, RH2/v. 2939, Bl. 20-27.

(237) 「情報交換及謀略に関する日独両軍取極」防衛省防衛研究所(JACAR: C14061021200)。

(238) 同右。田嶋前掲注(192)書、一九八―一九九頁。

(239) 一九三六年三月二七日付「第三艦隊機密第八五号電」日本国際政治学会太平洋戦争原因研究部編『太平洋戦争への道』別巻資料編、朝日新聞社(一九六三年)、二一六頁。

(240) 「戦争準備の為産業開発に関する要望」島田俊彦・稲葉正夫解説『現代史資料(八)日中戦争(一)』みすず書房(一九六四年)、六八一頁。

(241) 島田・稲葉前掲注(22)書、六八二頁。

(242) 内蒙古の特務機関員であった中井古満雄は、田中隆吉の構想を回想し、「田中氏は内蒙はもちろんのこと、綏遠、寧夏など西蒙古工作を考え、ゆくゆくは中央アジアまで手をひろげ、東進するドイツと組んでソ連の南側を取り巻く防共回廊をつくりあげるという、とてつもない大構想を打ち立て、これを関東軍謀略の永年計画としてとりあげさせた」と述べている。伊藤隆「解説」田中隆吉『日本軍閥暗闘史』中公文庫(一九八八年)、一八七頁から再引用。

(243) この文書は、極東国際軍事裁判において日本の対ソ攻撃計画を立証するものとしてソ連が提出したものであった。

寺山前掲注（75）書、二一五頁。

(244) 神田文書のロシア語訳およびスターリンのチェックについては、寺山前掲注（75）書、二一〇—二一四頁を参照。

(245) 寺山前掲注（75）書、二一四—二一五頁に詳しい紹介がある。

(246) 以上、寺山前掲注（75）書、二一四—二一八頁に多くを負っている。

(247) Aufzeichnung Aschmann, 27. Dezember 1935, in: *ADAP*, Serie C, Bd. IV-2, Dok. Nr. 475, S. 918.

(248) 田嶋前掲注（192）書、九四—九五頁。クリヴィツキーのヨーロッパにおける諜報活動については、ワルター・クリヴィツキー『スターリン時代』みすず書房（一九六二年）。NHK取材班編『ドキュメント昭和9　ヒトラーのシグナル——ドイツに傾斜した日』角川書店（一九八七年）、五四—七五頁、一五八—一七二頁を参照。

(249) 神田前掲注（89）、一七頁。ソ連の諜報体制については、富田武「研究ノート　ソ連の対日諜報活動——ゾルゲ工作以前——ロシア国立軍事文書館史料の紹介を中心に」『軍事史学』第四四巻第三号（二〇〇八年）、七四—九〇頁を参照。日本の防諜体制については、小谷賢『日本軍のインテリジェンス』講談社（二〇〇七年）、六七—七八頁を参照。

(250) Письмо Народного Комиссара Иностранных Дел СССР Полномочному Представителю СССР в Великобритании И. М. Майскому, 4 марта 1937 г., *Документы Внешней Политики СССР*, Том 20, № 58, стр. 102–103.

(251) Письмо Полномочного Представителя СССР в Великобритании Народному Комиссару Иностранных Дел СССР М. М. Литвинову, 25 апреля 1937 г. *Документы Внешней Политики СССР*, Том 20, № 123, стр. 192–193.

(252) 横手慎二『スターリン——「非道の独裁者」の実像』中央公論新社（二〇一四年）、二〇四—二〇五頁。

(253) Rudolf A. Mark, *Im Schatten des „Great Game". Deutsche „Weltpolitik" und russischer Imperialismus in Zentral-asien 1871-1914*, Paderborn: Schöningh, 2012.

(254) 東亜研究所資料乙第三八号C『アフガニスタンを繞る列強の争覇』（一九四一年）、四九—六一頁。マーティン・ユアンズ（金子民雄監修、柳沢圭子・海輪由香子・長尾絵衣子・家本清美訳）『アフガニスタンの歴史』明石書店（二〇〇二年）、一五二―一六二頁。前田耕作・山根聡『アフガニスタン史』河出書房新社（二〇〇二年）、九四―九六頁。

(255) 東亜研究所同右、六一―六九頁。マーティン・ユアンズ同右、一六二―一七一頁。前田・関根前掲注（104）書、九六―一〇一頁。山内前掲注（54）書、四〇三―四〇七頁。Inge Kircheisen, „Afghanistan—umkämpftes Vorfeld Indiens“, in: Johannes Glasneck/ Inge Kircheisen, *Türkei und Afghanistan—Brennpunkte der Orientpokitik im Zweiten Weltkrieg*, Berlin: VEB Deutscher Verlag der Wissenschaften, 1968, S. 161-169.

(256) 東亜研究所同右、七〇―七二頁。マーティン・ユアンズ同右、一七二―一七九頁。前田・関根同右、一〇二―一〇六頁。Kircheisen 同右、S. 169-172.

(257) 東亜研究所同右、七二―七五頁。マーティン・ユアンズ同右、一七九―一八一頁。前田・関根同右、九六―一〇一頁。

(258) マーティン・ユアンズ同右、一七八頁。

(259) 東亜研究所前掲注（254）書、五五―七五頁。

(260) 山内前掲注（54）書。

(261) 東亜研究所前掲注（254）書、五五―七五頁。

(262) 同右、九九―一〇一頁。

(263) 同右、一〇一―一〇五頁。尾崎三雄『日本人が見た三〇年代のアフガン』石風社（二〇〇三年）は、アフガニスタンに派遣された農業技術者による貴重な記録である。

(264) 下永憲次『あふがにすたん記』文聖社（一九三四年）、三頁。「支那通」軍人の佐々木到一によれば、一九二八年六月の張作霖爆殺事件に際し、北京にあって張作霖の乗った列車編成の詳細を関東軍に伝えたのは下永だったという。佐々木到一『ある軍人の自伝』普通社（一九六三年）、一九二―一九三頁。佐々木到一については、戸部良一『日本陸軍と中国——「支那通」にみる夢と蹉跌』筑摩書房（二〇一六年）を参照。
(265)　東亜研究所前掲注(254)書、九一—九四頁。
(266)　秦前掲注(105)書、一四一頁。
(267)　陸軍次官梅津美治郎発外務次官堀内謙介宛（一九三六年八月二七日）「在外公館附武官任免関係雑纂 第三巻 一〇阿富汗国」外務省外交史料館（JACAR: B14090838100、以下「阿富汗国」と略記）。
(268)　陸軍次官梅津美治郎発外務次官堀内謙介宛（一九三六年八月二七日）、「阿富汗国」。
(269)　宮崎自身、のちにアフガニスタン政府に対し、民間航空会社設立のため三〇〇万円を投じる用意があると伝えている。北田公使発広田弘毅宛（一九三七年一〇月九日）、「阿富汗国」。
(270)　孟買（ムンバイ）石川領事発有田外務大臣宛（一九三六年一一月一三日）、「阿富汗国」。
(271)　北田公使発外務大臣有田八郎宛（一九三六年一二月二六日）、「阿富汗国」。
(272)　外務大臣有田八郎発北田公使宛（一九三七年二月一日）、「阿富汗国」。
(273)　北田公使発外務大臣広田弘毅宛（一九三七年九月一七日）、「阿富汗国」。
(274)　東亜研究所前掲注(254)書、一〇三頁。
(275)　なお、時代はやや下るが、第二次世界大戦中の一時期、ナチス・ドイツがアマヌッラー派を利用してアフガニスタンでクーデターを計画したといわれている。マーティン・ユアンズ前掲注(254)書、一八一頁。前田・関根前掲注(104)書、一一四頁。
(276)　前田・関根前掲注(104)書、一三七—一三九頁、「初代公使ハビーブッラー・ハーン・タルズィ」にタルジーの活動の紹介がある。
(277)　内田前掲注(12)論文「冀察政務委員会と華北経済をめぐる日中関係」一五五頁。
(278)　萩原充「「空のシルクロード」の再検証——欧亜航空連絡をめぐる多国間関係」『社会科学研究 釧路公立大学紀要』

一九号（二〇〇六年）、一一一九頁。
(279) 前掲注（231）。これを知ったスターリンは、報告書に「飛行機も、乗客も絶対に拘束しなければならない」とのメモを書いている。寺山前掲注（75）書、三五六頁。
(280) 森前掲注（9）書、二三五―二三六頁。
(281) 広田発北田大使宛（一九三七年九月一三日）。Habibullah Khan Tarzi to Koki Hirota, 19. August 1937、「阿富汗国」。
(282) 広田発北田大使宛（一九三七年九月一三日）。Koki Hirota to Habibullah Khan Tarzi, 25. August 1937、「阿富汗国」。ここでいう「土屋」とは、対ソ問題専門家土屋栄（一九三八年当時中佐）であると思われる。「琿春に於ける諜報、宣伝謀略業務移管に関する細部の協議事項送付の件」陸軍省「密大日記」S 13-16-23、防衛省防衛研究所（JACAR: C01004559300）。
(283) Habibullah Khan Tarzi to Koki Hirota, 12. September 1937、「阿富汗国」。
(284) 広田発北田大使宛（一九三七年九月一三日）、「阿富汗国」。
(285) 北田公使初広田宛（一九三七年九月一七日）、「阿富汗国」。
(286) 広田発北田公使宛（一九三七年九月二二日）、「阿富汗国」。
(287) 「外務大臣より北田公使への電報案」、「阿富汗国」。
(288) 北田公使発広田宛（一九三七年九月二五日）、「阿富汗国」。
(289) 北田公使発広田宛（一九三七年一〇月七日第一〇二号）、「阿富汗国」。
(290) 樋口正治「航空路開拓の蔭に涙あり」財団法人日本航空協会編『日本民間航空史話』私家版（一九七六年）、二二五―二二八頁。
(291) 「武官問題に関し外務大臣より駐「ア」公使宛訓電案要旨」、宮崎武官発参謀本部総務部長宛（一九三七年一〇月七日第一〇二号）、「阿富汗国」。

（292）樋口前掲注（290）。「武官に事故があって、アフガニスタン国から追放されることになり、同居していた私らまでその巻きぞえを食い、追放されることになった」。
（293）北田公使発広田宛（一九三七年一〇月一四日）、「阿富汗国」。
（294）北田公使発広田宛（一九三七年一〇月七日第一〇二号）、「阿富汗国」。
（295）北田公使発広田宛（一九三七年一〇月七日第一〇四号）、「阿富汗国」。
（296）「武官問題に関し外務大臣より駐「ア」公使宛訓電案要旨」、「阿富汗国」。
（297）石川領事（ムンバイ）発広田宛（一九三七年一〇月八日）、「阿富汗国」。
（298）広田発北田公使宛（一九三七年一〇月九日）、「阿富汗国」。
（299）広田発北田公使宛（一九三七年一〇月九日）、「阿富汗国」。
（300）北田公使発広田宛（一九三七年一〇月九日）、「阿富汗国」。
（301）北田公使発広田宛（一九三七年一〇月一一日）、「阿富汗国」。
（302）広田発在「ソ」重光大使宛（一九三八年二月一日）、「阿富汗国」。
（303）臼杵前掲注（193）論文、一一〇頁。「AF阿富汗斬旦／1　アフガニスタン英国間」外務省外交史料館（JACAR: B02038600000）。
（304）この協定のドイツ語版は、Tajima, Nobuo, „Die japanische Botschaft in Berlin", in: Gerhard Krebs/ Bernd Martin (Hrsgg.), *Formierung und Fall der Achse Berlin-Tokyo*, München: iudicium verlag, 1994, S. 66, Anm. 14. に掲載されている。
（305）前掲注（237）。
（306）Scholl an Tippelskirch, 10. August 1938, in: BA-MA, RH2/v. 2939.
（307）リュシコフ亡命事件と日独両軍間の協力関係については、田嶋信雄「リュシコフ・リスナー・ゾルゲ――「満洲国」をめぐる日独ソ関係の一側面」江夏由樹・中見立夫・西村成雄・山本有造編『近代中国東北地域史研究の新視角』山川出版社（二〇〇五年）、一八五―二一一頁を参照。

（308）『対「ソ」政策参考資料 第三輯「ウクライナ」問題』外務省外交史料館（JACAR: B10070237300）、九六頁。

（309）国際検察局（粟谷憲太郎・吉田裕編集・解説）前掲注（25）書第三三巻、三〇八―三一七頁。ここでいうBamardとは、日独謀略協定付属五ヵ年計画表（一一九頁）「対エミグラント」／一九三七年の項にあげられている「バーマート」と同一の人物と思われる。

（310）Aufzeichnung Mackensen, 8. Oktober 1937, in: PAdAA, R29839, Büro des Staatssekretärs. Aufzeichnungen über Besuche von Nicht- Diplomaten Bd. 1, 36081.

（311）同右。

（312）同右。

（313）Aufzeichnung Ribbentrop, 5. Juli 1938, in: *ADAP*, Serie D, Bd. 1, Dok. Nr. 603, S. 719.

（314）PAdAA, Peking II, 2890, Einrichtung von Fluglinien, Stand der Entwicklung der Eurasia-Fluggesellschaft, Bd. 8, 10.38–6.39.

（315）Nürnberger Dokument 2195-PS, *Der Prozess gegen die Hauptkriegsverbrecher vor dem Internationalen Militärgerichtshof Nürnberg*, Bd. XXIX, 1948, S. 327–328.

（316）前日（一九三九年一月三〇日）、ナチスの権力掌握六周年を記念し、ヒトラーは国会で長い演説をおこなった。その演説を指すと思われる。Max Domarus (Hrsg.), *Hitler. Reden und Proklamationen 1932–1945*, Bd. II, *Untergang*. Erster Halbband 1939–1940, Wiesbaden: R. Löwit, 1973, S. 1047–1073.

（317）当時日独伊三国の間では、いわゆる第一次三国同盟交渉（「防共協定強化交渉」）がおこなわれており、大島はその積極的推進派であった。

(318)『朝日新聞』一九四六年九月二四日朝刊。『読売新聞』一九四六年九月一二日朝刊、同九月二四日朝刊などを参照。

(319) 国際検察局（粟谷憲太郎・吉田裕編集・解説）前掲注（25）書第三三巻、三〇八―三一七頁。

(320) 戸部良一「陸軍の日独同盟論」『軍事史学』二六―二（一九九〇年）、二六―三七頁。

(321)「欧州情勢の変転に伴う時局処理対策に関する意見具申（昭和一四年八月二七日調製）」角田順解説『現代史資料（一〇）日中戦争（三）』みすず書房（一九六四年）、一三三―一三四頁。

(322) Helmuth Groscurth, *Tagebücher eines Abwehroffiziers 1938-1940*, Stuttgart: Deutsche Verlags-Anstalt, 1970, „Privattagebuch“, Eintragung vom 24. August 1939, S. 181.

(323) 森田光博「「満洲国」の対ヨーロッパ外交（一）（二・完）」『成城法学』第七五号（二〇〇七年）、七三―一三七頁および同第七六号（二〇〇八年）、六一―一六四頁。

(324) 前掲注（321）。

あとがき

一九九七年に『ナチズム極東戦略――日独防共協定をめぐる諜報戦』（講談社）を刊行し、日独防共協定をめぐるドイツ側の政治過程の研究に一応の区切りをつけてから、別の研究テーマに移行しつつも、日本側からみた防共協定とは何だったのかという疑問が澱《おり》のように心の中に残った。本書は、この問題について二〇年間折に触れて考えてきたことをまとめたものである。本書を執筆することにより、私の中では、締結後八〇年ものあいだ闇のベールに包まれていた日独防共協定の全体像が、ようやく眼前に姿を現したような気がした。

しかも日独防共協定を考えることは、参謀本部第二部、関東軍参謀部第二課をはじめとする日本陸軍の諜報・謀略工作およびユーラシア政策・イスラーム政策を考えることに、ひいては戦間期日本陸軍史や戦間期日本政治外交史を考えることにつながっていた。このことは、私にとってまったく予想外の展開であった。

日本陸軍史、日本政治外交史に関する著作・論文は汗牛充棟である。ドイツ外交史、中国外交史を自分の学問的主戦場と心得る私が、本書のような著作を刊行することは、いわば地雷原を行軍するにも似た、向こう見ずで危険な行為であると思われた。しかしながら、同じような内容を扱った真面目な歴史研究書が見当たらないこともあり、戦傷を覚悟のうえで、あえて世に問うこととした。

本書を執筆するに際し、多くの方の研究に助けられ、また多くの方から知的な刺激をいただいた。受けたご恩に対しては、註においてお名前を記すことで謝意を表させていただいた。ただし、本書の性質上、本来参照すべき業績を多く見落としているのではないかと恐れている。その場合には、伏して私の不手際と非礼をお詫び申し上げたい。


臼杵陽氏、加藤陽子氏、工藤章氏、熊野直樹氏、松浦正孝氏、森久男氏、山内昌之氏には、書評などを通じて、また研究会の議論などにおいて、本書の内容にかかわる問題に関し、また本書を刊行しようとする私の決断に際し、直接的な刺激をいただいた。これらの方々のご教示や激励がなければ、本書がこのような形で陽の目を見ることはなかったかもしれない。記して感謝申し上げたい。ただし、本書にありうべきミスや誤りは、当然のことながら、すべて私の責に帰されるべきものである。

また、本書にまとめられた研究に際し、以下の研究助成金による支援を得た。記して感謝したい。

「第二次世界大戦期の日本および枢軸国の対中東・イスラーム政策」、科学研究費補助金、基盤研究（B）、研究代表＝臼杵陽（日本女子大学文学部教授）、研究期間＝二〇〇八年四月―二〇一一年三月。

「アジア太平洋戦争期の日独中関係」成城大学特別研究助成（個人研究）、研究期間＝二〇一二年四月―二〇一四年三月。

「軍縮・軍備管理の破綻に関する総合的歴史研究――戦間期の武器移転の連鎖構造を中心に」、科学研究費助成事業、基盤研究（A）、研究代表＝横井勝彦（明治大学商学部教授）、研究期間＝二〇一一三年四月―二〇一六年三月。

「近現代ドイツ＝東アジア関係史（一八九〇―一九四五）の研究」、科学研究費助成事業、基盤研究（B）、研究代表＝田嶋信雄（成城大学法学部教授）、研究期間＝二〇一四年四月―二〇一七年三月。

本書の内容を構想したとき、出版はどこよりも吉川弘文館にお願いしようと心に決めていた。本書を日本政治外交史の正統的な学問的著作として世に送り出したかったからである。同社に紹介してくださった成城大学の篠川賢氏、また編集の労を取ってくださった同社の大熊啓太氏に心よりお礼申し上げたい。

二〇一六年一二月

田嶋信雄

ま 行

や 行

ら 行

わ 行

さ　行

た　行

な　行

は　行

人名索引

あ行

か行

著者略歴
一九五三年　東京都に生まれる
一九七八年　北海道大学法学部卒業
一九八二―八四年　トリーア大学・ボン大学歴史学科在学
一九八五年　北海道大学大学院法学研究科博士後期課程単位取得退学
一九九二―九三年　フライブルク大学客員研究員
現在　成城大学法学部教授、博士（法学）

〔主要著書〕
『ナチズム外交と「満洲国」』（千倉書房、一九九二年）
『ナチズム極東戦略』（講談社、一九九七年）
『ナチス・ドイツと中国国民政府』（東京大学出版会、二〇一三年）

日本陸軍の対ソ謀略
日独防共協定とユーラシア政策

二〇一七年（平成二十九）三月一日　第一刷発行

著　者　田《た》嶋《じま》信《のぶ》雄《お》
発行者　吉川道郎
発行所　株式会社　吉川弘文館
郵便番号一一三―〇〇三三
東京都文京区本郷七丁目二番八号
電話〇三―三八一三―九一五一〈代表〉
振替口座〇〇一〇〇―五―二四四番
http://www.yoshikawa-k.co.jp/
印刷＝株式会社 精興社
製本＝株式会社 ブックアート
装幀＝河村　誠

ISBN978-4-642-08315-7